教育部人文社会科学研究青年基金项目：人工智能驱动的创业投资决策机制研究（24YJCZH117）

姜诗尧◎著

▼

# 动机视角下的创业者—投资人二元互动机制研究

▲

## Research on the Dual Interaction Mechanism between Entrepreneur and Investor from the Perspective of Motivation

中国财经出版传媒集团

经济科学出版社

Economic Science Press

·北京·

**图书在版编目（CIP）数据**

动机视角下的创业者—投资人二元互动机制研究／
姜诗尧著. -- 北京：经济科学出版社，2024.11.
ISBN 978 - 7 - 5218 - 6488 - 5

Ⅰ. F276.6；F830.59

中国国家版本馆 CIP 数据核字第 2024L6U327 号

责任编辑：杜　鹏　胡真子
责任校对：王肖楠
责任印制：邱　天

动机视角下的创业者—投资人二元互动机制研究
DONGJI SHIJIAOXIA DE CHUANGYEZHE—TOUZIREN
ERYUAN HUDONG JIZHI YANJIU

姜诗尧　著
经济科学出版社出版、发行　新华书店经销
社址：北京市海淀区阜成路甲 28 号　邮编：100142
编辑部电话：010 - 88191441　发行部电话：010 - 88191522
网址：www.esp.com.cn
电子邮箱：esp_bj@163.com
天猫网店：经济科学出版社旗舰店
网址：http://jjkxcbs.tmall.com
固安华明印业有限公司印装
710×1000　16 开　11.5 印张　180000 字
2024 年 12 月第 1 版　2024 年 12 月第 1 次印刷
ISBN 978 - 7 - 5218 - 6488 - 5　定价：88.00 元
（图书出现印装问题，本社负责调换。电话：010 - 88191545）
（版权所有　侵权必究　打击盗版　举报热线：010 - 88191661
QQ：2242791300　营销中心电话：010 - 88191537
电子邮箱：dbts@esp.com.cn）

# 前　言

　　新创企业囿于较高的不确定性和新进入劣势，难以通过传统融资渠道获得用以生存和成长的资金支持，资金缺乏是新创企业创立和发展的独特瓶颈。风险投资凭借其所提供的财务资金和管理咨询服务，在新创企业的融资过程中体现出独特优势，深受创业者青睐。因此，风险投资成为创业研究领域的核心议题。本书依托调节焦点理论，将投资人的投资决策看作创业者和投资人调节焦点匹配的驱动结果。在此判断的基础上，本书考察了认知系统和情感系统在投资决策机制中的关键作用以及制度情境的影响效果，进一步探讨了投资决策所形成的预期落差对创业者融资意愿的影响，以及创业者调节焦点、投资人声誉和多元主体投资所起到的调节效应，通过情景实验和问卷调查的实证研究方法，采用方差分析和层级回归等分析方法对假设进行检验，得到以下结论和发现。

　　首先，本书基于调节焦点理论，考察创业者—投资人调节焦点匹配对投资人投资意愿和投资数额的影响，从动机视角出发深入分析风险投资决策的影响因素，同时为更好地理解创业行为提供了有潜力的动机视角框架。其次，本书超越单纯关注创业者—投资人调节焦点匹配对投资决策影响的局限，进一步基于认知—情感个性系统理论对两者间的中介变量加以挖掘，提炼投资决策过程中的关键微观机制。再次，本书关注预期落差情境下创业者融资意愿差异，全面解释风险投资的动态过程，强化创业者在风险投资过程中的主体性和能动性。最后，本书在考察创业者面对预期落差情境下融资意愿的基础上，探究预期落差可能的有效补偿机制。

　　本书的主要工作及创新点体现在以下三个方面。第一，拓展调节焦点视角下投融资决策机制的前置因素体系。本书基于调节焦点理论这一重要的动机理论，关注被极大低估甚至忽视的风险投资人调节焦点动机成因在投资决策过程中的关键驱动作用，不仅考察投资人制定投资决策的特定方式，同时解释其行为的内在动机，使得研究更有效地贴合创业实践。第二，提供双边视角下创业者—投资人互动机制的研究思路。本书突破性地将创业者—投资人两个本就密不可分的主体加以结合，采用双边互动视角对两者内在动机的匹配情况加以分析，并讨论其对投资人投资决策的影响，克服了以往研究仅从单一视角考察风险投资决策的不足。第三，补充预期落差情境下创业者融资决策机制的理论缺口。本书兼顾投资决策和融资决策两个阶段，不仅延长了投融资决策过程的逻辑链条，而且填补了创业者在融资过程中主体性和能动性的理论解释，是对前景理论文献的重要补充，丰富了风险投融资的研究脉络。

　　本书的结构安排如下：第1章为绪论，介绍研究背景、研究意义、研究内容和研究方法等；第2章为文献综述与理论基础，阐释本领域的研究现状和研究空白并介绍本书的基础理论；第3章为理论假设与模型构建，提出本书的研究假设和理论模型；第4章为研究设计与方法，对情景实验法和问卷调查法加以论述并说明实验样本选择与操纵方式；第5章为实证检验与结果分析；第6章为结论与讨论，对本书所得结论进行总结，并指出研究不足和未来研究方向。

**姜诗尧**

2024 年 11 月

# 目录

# 第1章

## 绪　　论

在"大众创业、万众创新"的时代背景下，创业已然成为我国实现经济转型和产业结构升级的原生动力。近年来，学术研究领域针对创业现象的研究热情持续高涨，不断推动创业管理理论的深入和发展，企业家也紧抓时代机遇，实现经济发展向主要依靠创业创新驱动的高质量发展模式转变。理论界和企业界携手致力于通过提升新创企业的成长壮大，促进创业水平的提高和创新型国家的实现。作为创业活动的催化剂和新引擎，风险投资应运而生并得到学术界和实践界的广泛关注。那么，风险投资人在高度不确定情境下，如何作出投资决策成为亟待解决的关键问题。本章主要就研究背景、研究意义、研究内容与研究方法、结构安排与技术路线等依次进行论述。

## 1.1　研究背景

### 1.1.1　现实背景

创业是推动现代社会发展的重要驱动力量，是促进经济持续腾飞的不竭动力。我国政府大力推动创业活动的开展，并视之为释放全社会动能的时代背景和社会进步的强大引擎。2014 年达沃斯论坛上，我国更是将"大众创业、万众创新"提升为宏观战略层面的指导方针。党的十九大报告中也多次明确提及激发和保护企业家精神，鼓励更多社会主体投身于创新创业的伟大事业中，以期进一步激发市场活力，增强和提振企业家创业信心。诺贝尔经济学奖得主埃德蒙·费尔普斯教授的主要观点"创业促进国家繁荣"的精神内核很好地印证并支持了中国双创热潮的兴起。随着创业被提升为国家战略，全社会的创业热情持续高涨，越来越多的社会大众纷纷踏上创业之路，掀起"大众创业""草根创业"的新浪潮。国家工商总局数据显示，我国自 2014 年 3 月 1 日以来，新登记注册企业快速增长，2018 年全年新登记注册企业同比增长 10.3%。纵观全球，创业权威机构发布的《全球创业观察（2018/2019）》表明，我国早期创业活动指数排名领先，水平甚至高于大多数发达国家；基础设施、市场活力和社会文化等创业环境方面的优势明显，使得创业活动的积极社会感知提升，大众普遍认为创业是一个好的职业选择，促使机会型创业比例大幅提升；中国创业企业的销售收入中超过 25% 来自海外市场的企业，比例从 2009 年的 1.4% 增长至 2018 年的 11.3%，可见中国创业活动的国际化程度也在不断提高。根据以上数据可见，我国当前的创业结构逐步优化，创业活动质量稳步提升。但与此同时，新创企业和创业者的生存和发展同样面临诸多问题。

新创企业由于面临较高的不确定性和市场风险，难以通过传统的融资渠道获得用以生存和发展的资金支持。无论是理论界还是实践界都普遍认同，新创企业成长所需要的资源主要是资金资源，且资金缺乏是新创企业创立和发展的关键瓶颈（梁强等，2017；项国鹏和黄玮，2016）。为此，一大批风险投资机构应运而生，并试图为新创企业提供有效的资金获取渠道。

风险投资机构不仅提供新创企业所需要的财务资金，同时具有传统融资渠道所不具备的筛选创业项目、识别创业机会、管理创业团队和提供创业咨询等附加的知识和功能，深受新创企业和创业者青睐。由此，风险投资被认为是新创企业发展最为理想的融资途径。风险投资人刘晓松在马化腾最为艰难的时期出资帮助其渡过难关。世纪佳缘网站创始人龚海燕曾公开表示感谢风险投资人徐小平对其的慷慨无私和解囊相助以使其实现首次创业成功。著名电子商务平台阿里巴巴创始人马云的成功同样离不开最早的风险投资人孙正义的高瞻远瞩和战略视野。改革开放的丰硕成果使得中国经济迅猛发展，这在一定程度也加快了风险投资领域的发展速度。李开复、雷军、周鸿祎和蔡文胜等创业先锋也纷纷转战风险投资行业，面向初创企业并帮助其解决困难。风险投资对于新创企业和创业者的支撑作用毋庸置疑，但是其对于孕育期和初创期的新创企业的作用却十分有限，主要源于以下三个原因：其一，初创期的新创企业面临较高不确定性和合法性约束，使得投资风险显著提高；其二，风险投资的获利性经济本质使得投资后移以置换股权；其三，新创企业，尤其是高新技术企业的投资周期长、短期获利能力弱，这在一定程度上催生风险投资对于新创企业前期的挑剔和回避。基于以上现实经验，在风险投资迅猛发展的时代背景下，为优化创业环境并为创业者提供有力的创业支持，理论界和实践界应共同关注风险投资人针对初创期新创企业和创业者投资决策背后的逻辑和机制，挖掘风险投资人为创业者投资的思维方式和认知模式，识别何种创业者更易获得风险投资人的青睐，以通过提高风险投资的有效性来切实提升我国创业活动质量。

## 1.1.2 理论背景

根据蒂蒙斯的创业三要素模型，创业活动是由创业机会、创业资源和创业者三个核心驱动要素相互平衡和协同所构成的价值创造过程（Timmons，1990）。其中，创业机会是创业过程的核心要素，创业也往往由创业机会驱动。创业者是创业行为的主体，在创业机会和资源之间起着调节和协同作用。现有研究对于创业机会和创业主体的研究相对成熟，但是对于创业资源这一创业过程的必要支持尤其是创业投资的研究却不甚丰富。蒂蒙斯（Timmons）的经典著作 *New Venture Creation* 利用大量篇幅阐释新创企业融资的相关论点。相关研究基于现实经验证明创业者资源不足尤其是资金不足是其失败的重要原因，可见在新创企业的孕育期和初创期，投资的有效注入和合理的资源投放理应成为创业者和创业研究学者关注的焦点（Colombo and Grilli，2007；彭华涛，2013）。随着社会各界对创业现象的持续关注以及创业领域对于创业研究的广泛开展，创业研究的重点也必将向风险投资等创业前端环节倾斜。风险投资作为金融市场的重要融资媒介，为难以在传统渠道获得融资的新创企业提供资金。其作为创业活动的核心组成部分，既是新创企业前期得以生存和发展的重要一环，同时也深刻影响着新创企业后续的战略决策和商业模式构建。因此，风险投资活动正在引起理论界越来越多的关注和重视，学者基于多样的学科背景和理论视角探索风险投资现象，促使风险投资领域理论框架的广度和深度得以拓展、研究问题所涵盖的范畴得以提升，从而推动对于风险投资的理解。

在过去的十余年间，风险投资领域的相关研究主要针对风险投资机构、风险投资与宏观环境以及风险投资与新创企业三个方面展开，并取得诸多有益成果和积极进展。风险投资机构自身作为一种特殊的组织形式，其独立或附属的组织所有权特征（梁晓艳等，2007；Pahnke et al.，2015）、深度和广度的差异化投资决策策略（Fulghieri and Sevilir，2009；张曦如等，2017）和机构间竞合关系（Sorenson and Stuart，2008；Liu and Maula，2016）等均对组织发展和投资绩效产生重要影响。而风险投资活动和宏观环境之间的关系也是学者和政策制定者关注的焦点问题。其中，政府作为风险投资制度设计的主导力量和重要参与者，其有效地缓解行业外部性劣势，形成重要的引导和监督作用（左志刚，2011；Brander et al.，2015；龙玉等，2017）。另外，地区间异质性的制度因素（Cumming and Knill，2012；Liu and Maula，2016）和市场环境（Tong and Li，2011；董静等，2017）也在很大程度上制约着风险投资活动的开展。无论是风险投资机构本身的研究，或风险投资与宏观环境的作用关系讨论，都切实服务于风险投资活动。完整的风险投资过程从风险投资人对新创企业的投前决策开始，通过对新创企业的监督控制等投后管理实现增值服务，最终成功退出以获取超额利润。风险投资有别于传统融资渠道之处在于其不仅向新创企业提供资金支持，还在创业企业的成长过程中扮演着多重积极角色，甚至有研究表明投后管理过程花费风险投资人约 60% 的时间和精力（Michael et al.，1989）。因此，风险投资退出的相关研究关注风险投资是否退出、何时退出以及退出策略等议题，为风险投资获得更优的投资表现提供理论和实践指导。

作为风险投资过程中实施阶段的开端，投前决策是投后管理和成功退出的前提，投前决策的研究学者关注的主要研究问题在于风险投资人挑选标的新创企业的标准是什么，研究主要基于两个方面：一是创业者和新创企业的特征，如创业者的人力资本和非人力资本、经验背景等；二是风险投资人和投资机构的特征，例如投资人的学历背景和先前经验等以及投资机构的组织声誉和组织结构等。已有研究证实了风险投资活动的投前决策阶段中风险投资人和创业者所扮演的重要作用，但是研究局限于风险投资人或创业者的单边视角，对于两者互动关系的理解还不够深入（张曦如等，2019）。创业活动是一个不断循环和迭代的价值创造过程，并非严格意义的创业者个人行为，该过程涉及机会创造、需求实现和成果转化等多个环节，显然涉及不同层次的要素和资源以及不同参与主体的互动（Ardichvili et al.，2003；Hsieh et al.，2010）。现有的新创企业风险投资研究围绕创业者或者风险投资人展开，无法更为深入地解释多主体互动下的价值共创问题。因此，创业研究需要围绕多主体互动视角构建和验证理论（Dimov，2007），如科贝特和蒙格玛利（Corbett and Montgomery，2017）引入行动者网络理论对机会创造加以解释，认为机会创造是由多个主体为开发机会而提供所需资源和建立合法性的利益共同体，并在不断互动的过程中权衡和协调各方利益的过程。蔡莉等（2019）也认同基于创业者个体单一视角难以揭示创业行为的本质，而从多主体视角对创业过程加以研究能够为构建独特的创业理论作出贡献。风险投资决策作为风险投资人和创业者互动的结果，两者关系如何建立和演化对于新创企业的风险融资至关重要。因此，以创业者和风险投资人为研究对象，识别风险投资决策过程所独有的行为逻辑，探索论证风险投资过程中关键成因的研究就显得尤为重要。

5

# 1.2　研究问题与研究意义

## 1.2.1　研究问题

研究背景表明，有关风险投资的相关研究有待进一步深入，一系列具有重大理论意义和实践启示的深层次问题需要学界予以回应。因此，本书重点关注以下三个问题。

第一，作为金融市场和创业投资中重要的投资方式，风险投资对于新创企业的发展壮大起着独特的催化作用，对于社会经济的发展具有重要意义。风险投资关注新创企业发展的全过程，第一轮次风险投资主要投资于孕育期和初创期而非成长期和成熟期的创业企业。因此，风险投资面对的是仅有创业想法的创业者以及非成熟的创业项目，往往难以依靠实际企业运营状况检验其商业模式和盈利能力，更无法直接观测其业务数据、行业竞争力和市场潜力等客观指标。在缺乏真实的企业业绩和完善的组织制度条件下，风险投资难以遵循惯例和经验展开投资决策，这势必增加投资决策过程的不确定性和复杂性，决策过程和结果也因此而凸显出风险投资人和创业者自身的关键作用，更强调"识人"的重要性，投资决策逻辑中呈现较强的个体特质倾向。尽管现有研究意识到风险投资人和创业者的重要性，但是仅停留在总结和描述投资现象层面，并未从投资主体的内在属性上探究投资决策的作用机理。因此，"基于风险投资人和创业者视角讨论投资决策的关键因素"这一问题就显得尤其重要。

对于风险投资人和创业者的研究视角聚焦于调节焦点这一动机概念，原因在于无论是创业者对于创业项目的阐释过程，还是投资人的投资决策过程，均是其自身意志的集中表达，遵循趋利避害的原生动力和心理基础。个体行为的产生源于自我调节的动机过程，实则是内生调节焦点的驱动效应（黎坚等，2011；常涛和周苗，2016）。因此，本书关注被极大低估甚至忽视的调节焦点这一动机成因在投资过程中的关键驱动作用。更为重要的是，投资人是否投资以及投资额度是投资人对于创业项目价值的认知和感知结果，调节焦点概念为价值判断提供了重要的理论依据。另外，投融资过程中，创业者和投资人并非单独的个体，两者更强调"互依性"的自我建构方式。在关注风险投资人和创业者调节焦点的基础上，应进一步挖掘两者的一致匹配如何影响投资决策。因此，本书关注"风险投资人和创业者的调节焦点匹配如何影响风险投资决策"这一具有挑战性的深层次问题。

第二，风险投资人面临着创业团队不成熟、创业者缺乏经验和创业项目盈利能力待考察等诸多由信息不可得而形成的不确定性因素。进一步地，具有创新性和高潜力的创业项目由于其商业模式新颖且差异于同行业产品，往往面临着更高水平的不确定性和复杂性，这就为风险投资人的投资决策带来更大难度。决策是收集、编码和解读信息的逻辑过程，信息可得性也是经典决策理论所强调的决策基础，然而在风险投资过程这种高度信息不可得的情境下，风险投资人可能采用不同的决策逻辑来审视投资决策问题。同时，风险投资决策过程并非在真空情境下完成，还受到情境因素的显著影响，其对投资决策的边界产生调节效应。因此，风险投资人作出快速决策背后的内在机制和边界条件值得深入考察。

基于调节焦点理论，风险投资人在达成投资和实现盈利的目标过程中，会由于与创业者调节焦点匹配而形成"更好的感觉"，从而调节自身的认知系统和情感系统。情感系统是心理活动中涉及情绪和情感反应的生理单元，个体对重要信息加工模式的选择和加工过程都伴随着相应的情绪唤醒和情绪体验。认知系统则是与思维方式和决策倾向相联系的结构集合，决定和支配个体行为。情感和认知的自我调节过程可在高度不确定性和资源约束的情境下，为风险投资人更快更有效地制定投资决策提供解释逻辑。而在中国情境下，创业项目背后所隐含的政策导向则是投资决策的重要情境因素，对风险投资人的投资意愿和投资额度产生发散或收敛的重要调节作用。因此，本书进一步探求认知系统和情感系统在投资决策过程中的关键作用以及创业项目政策因素的调节效应，从动态过程角度解释高度不确定性和复杂性情境下的风险投资决策的逻辑机制。

第三，传统的风险投资研究往往以"投资人注资"作为研究终点，并强调创业投资对于新创企业后续创新和企业绩效的重要影响，然而现实创业实践不止如此。创业者在融资前会通过创业项目的预期收益和新创企业的估值，期望获得等于或者多于预期的投资额度，而投资人往往因为追求自身利益的经济理性和创业项目的不稳定性等因素，对投资数额进行重新商榷，从而出现风险投资数额与创业者预期存在差异的情况，此时会出现部分创业者接受投资注入，部分创业者则拒绝融资，现有研究还未对此现象产生足够重视。对于该情况的忽视，使得研究难以全面解释风险投资的动态过程和逻辑链条，忽视创业者在创业投资过程中的主体性和能动性。创业者面对环境所释放信息的认知和反馈并不相同，因而受到个体和创业项目等多重因素的影响。即使面对相同的融资数额和投资信息，创业者也会因其认知资源的差异产生不同的信息加工结果。本书以"投资人注资"作为投资人投资决策机制研究的终点，同时补充创业者融资意愿的研究，并将投资人注资所形成的预期落差情境作为创业者融资意愿的研究起点，继续深入挖掘预期落差与创业者融资意愿之间的关系，识别并提炼影响创业者融资意愿的主观和客观变量。

综合以上分析，本书重点探索以下三个基本问题：

（1）创业者与投资人调节焦点的一致性匹配对风险投资人投资决策具有什么影响？创业项目所隐含的政策情境在该过程中是否具有调节效应的影响？

（2）创业者与投资人调节焦点匹配对投资人投资决策影响的中间机制是什么？作为行为决策的关键路径，认知系统和情感系统在其中发挥着什么作用？

（3）面对投资人下浮投资额度而形成的预期落差，为什么一部分创业者接受融资，而另一部分创业者却拒绝融资？其中存在哪些影响因素和边界条件？

## 1.2.2 研究意义

本书立足创业实践，关注创业者和投资人互动的风险投融资决策机制及其微观机理，并尝试对创业路演和创业情境的情境化操作进行有益探索，不仅对深化有关行为动机、认知—情感系统、风险投资和制度情境等方面的研究具有重要的理论意义，而且有益于创业者、风险投资人和创业政策制定者等创业实践的利益相关者加深对于经济转型背景下风险投资的理解和认识，具有重要的实践启示和指导。

本书的理论意义主要体现在以下三个方面：

第一，有助于理性认识风险投资过程及其动机成因并扩展相应研究边界和理论范畴。虽然风险投资对于新创企业起着至关重要的作用，但学术研究尚未对其引起足够重视，也并未深入认识和挖掘其决策过程。如果不能掌握风险投资和新创企业两者之间的关系，就难以揭开新创企业快速成长的关键路径，也难以有效刻画创业过程研究的全貌。本书基于调节焦点理论视角观测风险投资过程，分析为什么风险投资人会快速有效地作出投资决策，从调节焦点的内生动机和调节匹配的一致性视角剖析风险投资决策的重要成因。这不仅有助于扩展风险投资的研究边界，深入认识动机因素与风险投资之间的联系，弥补动机因素在风险投资领域研究的缺失，而且有助于扩展调节焦点理论的研究范畴，进一步强化该理论基于创业情境独特性的研究设计和理论构建，提升和完善该理论的理论认知和解释逻辑。

第二，有助于挖掘不确定情境下风险投资人决策的内在机理和微观机制。风险投资研究领域围绕创业者如何获得风险投资的研究成果已然取得一系列有益进展，但对于风险投资决策过程本身的研究则相对欠缺。针对这一点，本书超越单纯关注动机因素对风险投资决策的影响，同时关注认知系统和情感系统在理论框架中的内在联系，并融合风险投资人和创业者的外显化特征，构建具有丰富内在机理和微观机制的整合性研究，回应学者"不仅要看到创业者的行为表象，其看不到的认知和情感等行为原因往往更有趣"的呼吁。提出并验证更为微观的理论框架和分析模型，有助于扩展风险投资过程和决策理论的解释力度和空间，构建更为丰富的投资决策理论框架，进一步认识投资决策过程中各要素发挥作用的方式及其程度大小，显著深化投资视角下的创业决策研究成果。

第三，有助于提炼和澄清创业者融资行为背后决策机制的理论贡献。传统的风险投资研究延续"前因（投资影响因素）—行为（投资决策）—结果（新创企业绩效）"的逻辑链条，更为强调创业者如何获得投资以及投资对于新创企业成长和绩效的重要性。然而对投资决策过程中，创业者是否愿意获得资金的关注严重不足，难以体现创业者在风险投资过程中的主体作用和能动性。虽然投资情境中的信息是客观的，但是创业者如何评估和解读信息从而形成差异化的融资意愿却是主观的。对于创业者融资意愿的补充研究不仅延长了投资决策过程的内在逻辑机制，而且填补了投资者与创业者双边互动的理论解释，是对已有文献的重要深化。本书基于这一理解，侧重考察创业者主观因素和创业项目客观因素对融资意愿的影响，强化和丰富了风险投资脉络的研究。

本书的实践启示主要体现在对于创业者、风险投资人和创业政策制定者三个方面。对创业者启示方面，随着国家经济结构的转型升级和移动互联网技术的兴起，新一波的创业热潮再度袭来。创业者若想顺利开展创业活动，就必须依托风险投资这一技术进步和高新技术发展的重要催化剂。创业者需要做的不再是专注于闭门造车和孤芳自赏地研发产品，而是如何在风险投资人面前有效理性地推广创业项目并获得风险投资，为新创企业的发展和成长提供强大支持，实现对其保驾护航。这就需要创业者在争取风险投资的过程中，充分关注风险投资人的调节焦点以实现自身与其焦点的匹配，从而及时调整融资策略，与风险投资人互通理念以引入新的价值创造模式，为注入风险投资提供必要的保障，奠定新创企业快速成长的基础。另外，创业活动是创业者本体论的商业行为，创业者在融资过程中，也应理性看待风险投资的作用，根据创业项目和新创企业的客观情况，发挥自身的主观能动性，提升在创业实践中的核心能力。

对风险投资人启示方面，作为当前技术市场和金融市场中起着引领和完善作用的重要投资形式，风险投资成为转型经济和市场经济发展的重要一环。国家对于创投企业和风险投资机构的政策支持，也大大提升了风险投资热情。初期阶段新创企业的投资领域迎来行业热潮，因而风险投资的决策机制成为理论界和实践界亟待解决的关键问题。从风险投资人角度出发，很多投资人声称自己凭借直觉和情感等非理性因素发掘投资机会，究其根本，更多地在于他们缺乏对自身投资决策机制的认识。本书结论将风险投资人动机、认知、情感因素纳入统一框架，澄清和明晰投资过程中的决策机制，为其有意识地培养投资决策技能和更好地识别优质创业项目提供指导。

对政策制定者启示方面，我国出台了风险投资税收降低等鼓励投资的系列政策，在一定程度上推动了"大众创业、万众创新"呼吁的有效落地，也切实鼓励和支持新创企业的发展和壮大，为经济转型和产业升级作出一定贡献。但是，风险投资却陷入了盲目追求热点项目的误区和陷阱。反观我国整体的风险投资现状，虽然政策颇丰导致投资数额巨大，但失败率却居高不下，对于市场经济的活跃和推动作用有限。归根结底，在于风险投资人往往难以有效剥离自身的决策偏好所带来的偏差。本书为政策制定者提供了源于现实又指导现实的经验依据，明确政策制定者应强化对风险投资人的监督力度，不仅强调合法合规的监管，更强调合情合理的督查，切实为我国产业结构调整和经济转型实践提供重要的现实意义。

## 1.3　研究内容与研究方法

### 1.3.1　研究内容

本书以创业者和风险投资人及其双边互动过程为研究对象，从调节焦点理论、认知—情感个性系统理论和前景理论等出发剖析风险投资人投资和创业者融资的微观机制和实现路径，目的在于解释创业者和风险投资人调节焦点匹配对投资人投资的影响以及后续创业者融资的作用。具体而言，本书试图揭示创业者—投资人调节焦点匹配、认知系统、情感系统、投资人投资和创业者融资等变量之间的逻辑链条，建立"调节焦点匹配—投资人投资—创业者融资"的理论框架和概念模型。基于研究问题的分析，本书主要讨论以下三个方面的内容。

第一，探究创业者—风险投资人调节焦点匹配对风险投资人投资决策的影响作用。首先，通过情景实验法实验材料的设计原则，设计适合创业情境的创业者路演的实验情境。情境中体现出调节焦点差异，并通过预实验检验该实验情境的适用性。其次，利用修订后的实验材料对高校 MBA 学员和真实的投资人进行情景实验研究和问卷调查研究。重点关注创业者—投资人调节焦点匹配（非匹配）以及制度情境对投资人投资决策的影响，并以此实验材料作为接下来研究的研究工具和主体材料。

第二，提炼投资决策过程中的关键微观机制。基于调节焦点匹配对风险投资人投资的理论推演和实证结论，本书超越单纯对两者关系进行讨论的局限，从挖掘两者间的中介机制入手，剖析创业者和风险投资人调节匹配模式所形成的不同信息处理方式和编码过程，更深层次讨论具有差异性的认知系统和情感系统的作用机制，更进一步地提炼投资决策过程中的关键微观机制。本书依据所设计的实验材料，通过实验研究和问卷调查的方法，一方面关注认知系统和情感系统如何有助于风险投资人快速且有效地作出投资决策，另一方面试图解答认知系统和情感系统发生作用的驱动因素，以期全面动态地观测投资决策过程。

第三，识别并提炼创业者融资的核心影响因素。创业者融资目的在于获得最大数额的风险投资，而风险投资人则需要对估值进行评定并通过价格商榷等环节对投资数额进行下调，这就使得创业者和投资人之间的预期投资数额产生差异。而正是对于风险投资数额的预期难以实现，使得部分创业者拒绝此轮融资。创业者面对当前投资信息的解读和决策可能受创业者自身动机和认知影响，也可能由创业项目和创业阶段等客观因素决定。

因此，本书通过情景实验和问卷调查等研究方法进行补充研究，识别和检验影响创业者融资的核心因素，从而实现对"投资—融资"闭环逻辑过程的研究和挖掘。

## 1.3.2 研究方法

本书在理论分析的基础上，强调管理学、行为科学、心理学和经济学等多学科的交叉和渗透，采用情景实验和问卷调查等研究方法相结合，探讨调节焦点匹配对风险投资人投资决策的内在机制和创业者融资的形成机理。为提炼整合理论模型和研究框架，实现研究成果与创业实践的转化，本书采用文献研究和实证研究相结合的研究方法探究所提出的研究问题。

文献梳理和理论分析是学术研究得以成功的坚实基础。为了能够对风险投资和融资的微观作用机制进行充分掌握，笔者通过较长的时间，利用中国知网、万方数据库、EBSCO、Web of Science 和 ScienceDirect 等多个中英文数据库进行系统检索，广泛收集和阅读相关文献，在梳理调节焦点、调节匹配、认知系统和情感系统、风险投资和预期落差等相关研究的基础上，厘清以上变量的本质和内涵并掌握相关领域的研究前沿，试图挖掘已有研究的空白点，并在本书中得以填补和创新，真正做到总结研究现状、解决现有研究不足并对未来研究进行展望。基于此，引入调节焦点理论、认知—情感个性系统理论和前景理论等相关理论，探讨不同变量之间的内在联系，提出研究假设，形成本书的逻辑框架。

基于文献梳理和理论分析所构建的理论假设和研究框架，本书进一步采用情景实验和问卷调查等实证研究方法对假设进行检验。情景实验法通过设置不同的投融资实验情境比较被解释变量间的差异，挖掘调节焦点匹配、投融资决策等变量间的因果关系。该方法通过情境的设定有效规避外生变量干扰，克服研究可能存在的逆向因果和共同方法偏差问题。在情景实验法所得结论基础上，通过对真实风险投资人和创业者的问卷调查数据对结论进行现实创业环境的理论验证，运用信度检验、效度检验、回归分析等统计方法，确保研究结论的外部效度。情景实验和问卷调查从不同侧面对研究现象进行全方位和多角度的分析，两项研究结论相互验证、互为补充，有效地提升研究的可靠性和可推广性。

# 1.4　研究过程与结构安排

## 1.4.1　研究过程

本书由两条逻辑主线构成：一是梳理动机领域和风险投资领域的相关文献，提出研究假设并构建理论模型；二是以情景实验法和问卷调查法为实证研究方法的假设检验过程，为理论模型的合理性提供实证依据。本书主要分为以下几个阶段开展工作。

第一阶段的工作是研究主题选择。自 2018 年以来，研究者开始大量阅读关于动机和创业领域文献，并尝试发现研究问题。在阅读和梳理的过程中，广泛同创业学、管理学、经济学和心理学等多学科的专家和青年学者讨论交流，并形成了部分阶段性成果分别发表于《科学学研究》《管理学报》《科学学与科学技术管理》等核心期刊，为研究问题的提出打下了坚实的基础。

第二阶段为研究问题论证。通过对文献的把握和梳理，研究者已经对动机领域和创业领域有了较为直观和全面的把握，进而以团队的自然基金重点课题为依托，继续深入在动机和风险投资以及情景实验法等领域的探索，对该领域的主要研究问题、理论交叉点和研究方法有了更为清晰的认知，并将研究重点集中在调节焦点和新创企业早期风险投资这一细分领域。随后，将领域中的空白点与相关领域的从业者、学术界的知名学者和同学进行了多轮讨论与打磨，逐步确定研究轮廓，并明确研究问题。

第三阶段为理论模型的构建。在已经确定的研究问题基础上，研究者基于调节焦点理论、认知—情感个性系统理论和前景理论等重要的理论视角，选择相应投射变量并构建理论模型。同时，选取情景实验法和问卷调查法两种方法进行预实验，以明确研究模型的合理性以及实验研究和问卷调查的严谨性。

第四阶段为数据收集和论文撰写。研究通过预实验和学者反馈等方式检验并修订了实验设计和问卷调查中不适宜的部分，并力求实验操纵和量表测量的有效性，进而进行线上线下同步的大规模 MBA 学生的情景实验以及真实创业者和投资人的问卷收集，与此同时进行本书的撰写工作。

## 1.4.2 结构安排

本书拟由以下六章构成，各章具体内容如图 1.1 所示。

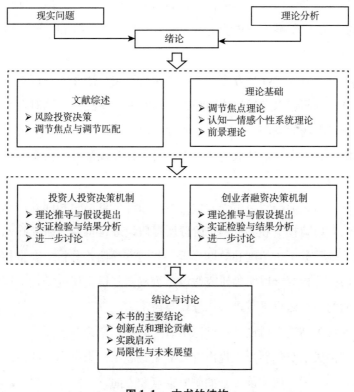

**图 1.1 本书的结构**

第 1 章为绪论。本章主要对新创企业风险投资研究的基本情况加以阐释，具体包括研究背景、研究意义、研究内容、研究方法、研究过程和论文结构等内容，对研究进行了整体和全面的阐述。

第 2 章为文献综述与理论基础。本章详细阐述了研究领域的研究现状，对研究涉及的风险投资和调节焦点等研究主题作了系统回顾和梳理，综合已有文献，对其进行述评并发现研究空白点，提出拟解决的研究问题。同时，依据研究空白提出调节焦点理论、认知—情感个性系统理论和前景理论等适配的理论，为本书提供坚实的理论基础。

第 3 章为理论假设与模型构建。本章依据研究空白点和基础理论进一步明确研究的理论模型和研究假设，聚焦于创业者—投资人调节焦点匹配对投资人投资决策的影响，以及认知系统和情感系统在投资人投资决策机制中所起的关键作用和中国独特情境的调节效应，同时关注预期落差对创业者融资意愿的影响以及创业者调节焦点、投资者声誉和多元主体投资的调节效应。

第 4 章为研究设计与方法。本章是对情景实验法和问卷调查法两种主要研究方法的阐述以及探讨这两种方法与本书的适配性，同时在明确研究设计和研究方法的基础上，进一步明确实验样本的选取和操纵方式，力求本书的研究方法和样本选取的严谨性、科学性和规范性，为实证研究的顺利开展奠定基础。

第 5 章为实证检验与结果分析。本章通过情景实验和问卷调查的实证研究方法对风险投资和融资两个阶段所提假设进行检验，研究技术涉及样本描述性统计分析、信度和效度分析、共同方法偏差分析、变量相关性检验以及回归分析等，以明确研究假设是否成立并得出研究结论，同时对未通过检验的研究假设进行进一步分析与讨论。

第 6 章为结论与讨论。本章总结研究的所得结论与主要发现，归纳出本书的理论贡献与创新点，提出有效的实践启示，指出本书的不足之处以及对未来的展望，以明确未来的研究重点和方向。

# 第 2 章

# 文献综述与理论基础

本书在明确研究背景和研究问题的基础上，对文献进行系统回顾与梳理。这不仅是理论分析工作的重要内容，而且是模型构建和理论创新的基础。本章首先概述风险投资与调节焦点研究的最新进展，聚焦本书所关注的核心变量；其次通过对文献的系统梳理和对本书研究问题的认识，阐明适配的基础理论视角；最后提出已有研究和基础理论对本书的启示和研究空白点。

## 2.1 风险投资决策研究概述

### 2.1.1 风险投资的内涵

风险投资，又称创业投资，译于美国定义 Venture Capital，简称 VC，指将资金投向蕴含较高风险和不确定性且新兴和迅速发展的高新技术开发领域，以期成功后获得巨大资本收益的商业投资行为。风险投资有能力承担高风险，同时追求高回报，投资对象主要面向具有强大发展潜力的新创企业（Gompers，1996；Shane，2012）。风险投资已然成为新创企业获得外部资金支持的重要途径（Bruton et al.，2015），同时也被认为是创业精神和经济增长的重要催化剂。1985 年，我国第一家风险投资机构经国务院批准成立，也标志着我国风险投资行业的开创与兴起。1986 年，国务院陆续批复"国家火炬计划""国家高技术研究发展计划"等涉及政府创业投资的专项计划，为风险投资提供了强大的政策支持。1998 年的全国两会上，时任民建中央主席的成思危先生提交了《尽快发展我国风险投资事业》的提案，指出必须借鉴国外风险投资的成功经验，大力发展风险投资事业并推动科技进步。提案明确把发展风险投资作为推动科技和经济发展特别是高科技产业发展的基本政策，制定发展规划并鼓励支持建立风险投资企业。伴随着经济体制改革和中高速经济发展态势，我国形成一批具有巨大发展潜力的优质创业项目和新创企业，为风险投资提供了优质的投资对象。风险投资作为金融资本和智力资本的结合，成为驱动创新的重要动力，推动创新向生产力的有效转化并实现规模效益（Martin et al.，2002；成思危，2008；余琰等，2014）。

### 2.1.2　风险投资决策的内涵

根据风险投资定义，风险投资并非通过直接面向终端的产品市场获得收益，而是通过对被投新创企业的管理和增值以获取收益回报，其实质是一种与创业过程紧密联系的资本运作。因此，风险投资必须立足于"新创企业"这一视角开展（Hellmann and Puri，2000；苟燕楠和董静，2014）。新创企业的发展是一个动态过程，研究新创企业的风险投资等资源获取问题必然将新创企业的生命周期纳入考虑范围（裴旭东等，2018）。对于新创企业来说，初创期阶段最能反映创业活动的本质（尹苗苗等，2014），而资金获取是初创期企业生存和成长的源头和关键触发点（Sirmon and Hitt，2009），甚至有学者以投资数额和不确定性两个维度将创业活动分类为边缘创业、有前途的创业、风险资本注入型创业、大公司内部创业和革命性创业五种类型，可见风险投资对于创业活动具有举足轻重的推动作用

（Bhide，2000）。完整的新创企业风险投资过程是先对新创企业加以考察和选择的风险投资决策阶段，然后确定被投企业并注入风险资本，同时对新创企业实施监督和增值服务的投后管理，最终实现成功的资本退出（张曦如等，2019）。

本书所涉及的风险投资决策是风险投资过程的开端，其实质是对风险投资投向新创企业的投资方向和投资规模的决策问题。风险投资领域普遍存在"重后期、轻前期"的投资短视行为，导致在创业企业的中后期投资拥挤使得项目估值过高，而对初创期和成长期投资不足（孙欣睿，2014）。作为新创企业风险投资的开端，只有重视风险投资决策，才能使得创业的幼苗得以成长。尤其是在经济结构转型背景下，高新技术产业和新兴行业爆发式涌现，企业生命周期呈现缩短趋势，而制度缺乏稳定性和连续性以及要素市场不完善使得新创企业难以获得关键资源。因此，本书进一步将风险投资决策聚焦于初创期新创企业，只有风险投资人制定风险投资决策并为新创企业的发展注入必要的资金保障，才能降低风险投资的估值压力，使得风险投资人抢占寻求差异化竞争优势的机会，也为初创期新创企业突破资源约束提供条件，快速助力新创企业度过存活期。

### 2.1.3　风险投资决策与新创企业的相关研究

创业研究三十余年的研究成果，构成了"创业者—创业行为和创业过程—创业认知"的基本脉络（杨俊等，2015）。在这一脉络的逻辑牵引下，创业研究更加突出高度资源约束和不确定性等创业情境的独特性，并致力于探索情境约束下的创业问题（杨俊，2014）。创业研究以创业者作为研究对象和主体，创业行为也被认为是创业者的个体行为（Baum et al.，2007）。从早期的创业特质论开始，创业研究就框定创业行为由创业者个人特质引发。经济学理论甚至将创业者视为理性且孤立的决策者，认为创业者出于经济人考虑，以利益最大化为最终目标实施创业行为（张青，2009）。然而，随着经济社会学的兴起和发展，"作为经济主体，创业者孤立存在"这一假定和前提频频受到挑战和质疑，原因在于将创业者视为真空环境下的实体并不能真切地把握创业过程。基于创业者单一视角难以揭示创业行为的本质，而从多主体视角对创业过程加以研究能够为构建独特的创业理论作出贡献（蔡莉等，2019）。事实上，创业者也并非孤立个体，其开展的创业活动需要与其他主体加以互动，创业行为也必然受到利益相关者的促进或制约影响。随着创业过程研究的发展和深化，越来越多的学者认同从互动的角度研究创业活动，模糊个体、利益相关者和环境之间的边界，将创业活动内嵌到复杂的利益相关者网络中。例如，边燕杰和张磊（2006）通过大量企业的问卷调查发现，机会识别和筹措资金等创业活动都依托创业者的社会网络互动；恩斯利和卡兰（Ensley and Carland，1999）也明确表示，与创业者互动的社会网络成员往往成为其商业伙伴。因此，创业研究势必由关注创业者向关注创业活动中的其他主体迁移，实现创业链条的完整性和创业过程的连贯性，从而丰富创业研究成果，力求更加贴合创业实践。

经验数据和理论研究表明，新创企业能否在商业环境中生存并赢得竞争优势取决于其资源集合特征（Wu et al.，2009；董保宝和李全喜，2013）。创业研究的资源学派认为，创业是创业者识别、获取并建构有价值资源组合进而谋求竞争优势的行为过程（Alvarez and Barney，2007；蔡莉等，2011）。新创企业需要不同类型的资源形式（赵兴庐和张建琦，2016），因而需要与不同主体开展行为交换，其中最重要也最直接相关的主体是风险投资，目的在于与其互动从而获得资金支持。资金支持是创建企业的重要基础，对于新创企业机会开发以及人员雇用等都有重要的影响（Davila et al.，2003；王瀚轮和蔡莉，2011），充足的资金资源给创业者提供成功执行战略目标的宝贵时间和潜在空间，也保证其长期发展的可持续性。已有研究也在一定程度上证实了风险投资的积极作用，其中风险投资支持的新创企业的成功率为无支持的新创企业成功率的四倍。由于新创企业所需要的资金数额往往超过创业者个人及其亲属所能承担的总量，所以新创企业的外部融资能力对其成长作用显著，也往往成为新企业发展的预测指标。由此，创业者在实施创业活动和推进创业过程中，必然通过建立和利用风险投资来获得赖以生存的财务资源和有价值的发展策略，开发所识别的创业机会，构建竞争优势和推动技术创新，从而实现新创企业发展壮大。

风险资金的获取过程涉及资金提供者（风险投资人）和资金需求者（创业者）双方的交换和互动，利益相关者在资源交换过程中扮演的重要角色往往被研究者忽视（刘志阳和许莉萍，2020）。创业者和新创企业因为"资历新"和"规模小"等特征，缺乏口碑声誉和成功历史，从而具有天生的"新进入劣势"和"小规模缺陷"（杜运周等，2008），使得投资人和创业者的互动过程充斥着高度不确定性。尤其是在互联网去中心化和脱媒时代的情境下，表面上是信息几何式增长的极度丰富，但迫于速度和快速反应的压力以及由于缺乏深度思考和缓冲而更加剧了决策的复杂性和不确定性，因而创业者与风险投资人之间存在的明显信息不对称性使其融资难度陡增。由此，风险投资决策的形成机制成为风险投资研究和创业研究中的一个重要研究议题。探讨和挖掘该机制有助于提升创业者的融资能力，同时有益于投资人提升决策质量，使得学术界和理论界对风险投资的本质及其对创业者和新创企业的影响具有更深入的理解。

风险投资决策被认为是投资行为的开端，涉及创业者与投资人两个行为主体，也成为两者互动的重要阶段。风险投资与被投新创企业之间的关系对投资的绩效以及新创企业的长期发展都有着至关重要的作用和影响（Timmons and Bygrave，1986）。因此，已有文献对风险投资与新创企业的决策过程进行了剖析和探讨，并积累了一定的有益成果。投资决策阶段，学者试图回答的核心研究问题为"风险投资人和风险投资机构挑选被投企业的标准是什么？"，研究主要聚焦于创业者和新创企业特征及风险投资人特征等视角，对其影响风险投资决策的因素加以探讨。

从创业活动的本源来说，创业者是创立和主导新创企业的主体，在创业过程中扮演着核心角色。同时，新创企业尚未形成成熟的组织架构，创业者在创业过程中的重要作用得以凸显。因此，创业者特征是风险投资人考察的核心要素。坎泽和黄（Kanze and Huang，2018）通过实验研究方法讨论投资决策过程中投资人对不同性别创业者提问方式的异质性，剖析男性创业者和女性创业者融资金额显著差异的内在机制，还证实了女性创业者回应风险投资人问题的方式差异会导致不同的融资金额。杨舒等（Shu Yang et al.，2020）发现投资机构考察新创企业的经济前景和社会声誉的同时，也会将性别因素纳入决策体系。梅森和斯塔克（Mason and Stark，2004）则重点关注创业者的经历和经验背景，识别到教育背景、行业经验和管理经验等因素是风险投资人重点关注的投资决策因素。米卢德和卡布罗尔（Miloud and Cabrol，2012）通过构建理论框架，探讨并得出创业者素质显著正向影响新创企业估值和风险融资额度的结论。范—巴伦（Van Balen，2019）对创业者破坏性愿景与投资决策的关系进行探讨，研究表明破坏性愿景通过提高投资者对超额收益的期望，在一定程度上增加了创业者融资的可能性。伯恩斯坦等（Bernstein et al.，2016）对创业者因素和创业项目因素进行对比研究，发现投资人对于创业者的积极评价成为投资决策更显著的影响因素。陈等（Chen et al.，2009）研究创业者的创业准备和创业激情对投资决策的影响，结果表明两者对创业投资均有促进作用，投资人所感知的创业者的创业准备比创业激情更能有效激发投资人的投资决策。许（Hsu，2014）等发现创业融资战略准备和热烈情感以及经济潜力对不同类型的风险投资决策产生影响。克拉克等（Clarke et al.，2019）则研究创业者不同语言和手势对投资决策的影响，研究表明，创业者用于表达创业想法和描绘创业愿景的手势对创业融资具有积极作用。国内相关学者也针对风险投资的投资决策提供了基于中国情境的研究证据，谢军和周南（2015）基于合法性框架，证实创业者的管理经验和行业经验是获得创业投资额度的显著驱动因素。何涛（2004）通过案例研究方法总结出有眼光、胆识过人和诚信是风险投资寻求并愿意达成合作意向的创业者特征。

风险投资人是投资决策的主体，因而风险投资人自身的特征也影响其投资决策，甚至有学者提出投资人自身的特征比新创企业和创业者特征更能够显著影响最终的投资决策。在投资人层面，学者们讨论了风险投资人的经验背景对其投资决策的影响效应。迪莫夫等（Dimov et al.，2007）研究投资人背景对投资阶段的影响，结论表明具有金融背景的投资人往往更倾向于投资较为后期的创业项目，以期实现金融收益。与之相反，帕策尔特等（Patzelt et al.，2009）则发现投资人如果拥有科学或工程专业背景，则较为倾向于投资早期的创业项目。阿列克西等（Alexy et al.，2012）基于大量首轮融资的现实数据探讨投资人社会资本对新创企业投资数额的影响，具体来说，投资人社会网络的结构和关系使其更为完备地获得投资项目信息，有效降低信息不对称性从而增加风险投资。我国发改委经济研究所 2013 年发布《中国创业资本投资早期创新企业的基本状况》报告，以问卷调查的形式对我国风险投资人的情况加以描述和总结，结果表明：投资人和投资机构的专业背景对新创企业生命周期投资阶段具有显著差异性，其中理工科背景管理团队倾向于投资初创期的新创企业；专业背景影响下的投资阶段还呈现地区异质性，东部地区初创企业受到理工科背景的投资机构青睐，而西部地区经管类背景的投资机构更倾向于初始阶段投资；教育背景呈现两极分化态势，本科及以下中低教育背景的投资团队和拥有博士学位的投资团队更倾向于初始阶段投资。该报告还观测了投资机构管理团队的从业年限对创业投资的影响，结果表明，从业年限较短的幼稚型投资人倾向于投资初始阶段新创企业。风险投资领域的学者也扩充了相关研究，使得研究体系更为丰富。汪洋和何川（2016）细化了投资团队的从业经历对初创投资的影响，认为具有海外地区工作经历、创业经历、研究与开发经历和金融工作经历的投资人往往投资新创企业的概率更大。史婷婷（2015）发现，投资机构的自身实力显著影响其对初创期新创企业的投资决策，投资年限、企业资本、投资案例数和累计投资额等指标的投资实力越强，其投资初创企业的概率越高。

## 2.2　调节焦点与调节匹配研究概述

### 2.2.1　调节焦点的内涵与维度

调节焦点概念以自我差异理论为基础（Higgins，1987），认为个体在目标的实现过程中追求"理想自我"和"责任自我"两种自我实现类型。理想自我期望追求快乐的理想状态，而责任自我则期待避免痛苦的责任状态，由此形成两种不同的自我调节机制，分别是促进焦点和防御焦点（Higgins，1997）。两种调节焦点的本质差异主要体现在以下三个方面：第一，动机导向差异，促进焦点个体表现出进取动机导向，努力实现理想、抱负和愿望，注重个人发展和自我实现；防御焦点个体则表现出防御动机导向，在处理事情时努力避免出现错误和失败，注重履行个人责任和义务；第二，实现策略差异，促进焦点个体强调获得—无获得情境，对于积极结果的实现更为敏感，因此，通过渴望接近策略实现目标，而防御焦点个体则置身于无损失—损失情境，通过谨慎回避的实现策略规避消极结果的产生；第三，情绪体验差异，促进焦点个体以积极结果导向为驱使因素，情绪跨度呈现实现目标到未实现目标的快乐—沮丧的情感维度，而防御焦点个体以负面结果的出现作为情感评价标准，那么情感体验则表现为平静—激动的维度跨度（Brockner and Higgins，2001；Friedman and Förster，2001）。表 2.1 列出促进焦点和防御焦点两种调节焦点的主要差异。

表 2.1　　　　　防御调节焦点与促进调节焦点的差异比较

| 差异类别 | 防御焦点 | 促进焦点 |
| --- | --- | --- |
| 需求和动机 | 安全需求和防御动机 | 成长需求和进取动机 |
| 战略路径 | 防止错误的防御战略 | 追求目标的促进战略 |

续表

| 差异类别 | 防御焦点 | 促进焦点 |
|---|---|---|
| 期望结果 | 关注责任自我，注重个体的义务、责任和职责的履行 | 关注理想自我，注重个体的理想、希望和愿望的实现 |
| 发生情境 | 无损失—损失情境 | 获得—无获得情境 |
| 结果反应 | 对消极结果的出现与否敏感 | 对积极结果的出现与否敏感 |
| 情绪体验 | 平静—激动跨度 | 快乐—沮丧跨度 |

个体调节焦点的形成主要受到两个方面的影响，分别是特质调节焦点和情境调节焦点（Crowe and Higgins，1997）。研究发现，特质调节焦点倾向主要与个体成长经历和父母教育方式相关，具有明显的普适性（Johnson et al.，2015）。孩童在成长过程中，父母的陪伴对其产生重要影响，如果该过程中父母更多地关注孩子成长的需求，例如鼓励孩子独立解决问题（自己吃饭或探索有难度的数学问题等），并在实现目标后对其行为加以表扬，那么会使得孩子逐渐形成关注成功的行为目标，并最终形成个体的促进焦点。有的父母可能更为关注孩子安全的需要，例如更多提醒孩子不能做有危险的事情和绝对不能犯的错误（不能完不成作业或远离刀具等），并在孩子犯错后严厉惩罚，长此以往，孩子会关注避免错误从而满足父母和大众给予他们的职责和义务，并形成防御焦点的自我调节倾向（Higgins，1997）。

另外，个体当时所在的环境和任务情境的诱发会形成短期、即时的调节焦点倾向，称为情境调节焦点（situational regulatory focus），是一种状态情境变量（Higgins，1997；Manczak et al.，2014）。强调成功和理想的结果状态时，例如，告知消费者购书金额总价为 65 元，若以现金支付则获得 5 元优惠，若以银行卡支付，则得不到任何奖励，此时情境构建了获得—无获得情境，则会诱发个体的促进焦点。强调责任和安全的结果状态则会诱发情境防御焦点，例如，购物情境表现为购书金额总价为 60 元，若以银行卡支付则多付 5 元手续费，而现金支付则减免这一部分额度，则构建了损失—无损失情境，从而实现防御焦点的诱发。

### 2.2.2　调节焦点的测量

基于调节焦点理论的概念和内涵，学者开发了多种特质调节焦点的量表测量方式。希金斯（Higgins et al.，2001）等提出调节焦点问卷，基于成就动机理论，结合调节焦点的相关概念内涵，认为特质调节焦点是个体长期形成的自我调节倾向，因而在实现过程中具有过往的任务经历这一重要构成。具体而言，促进焦点个体面临一项新任务时，其过往的成功任务经历所产生的情感会带给个体新的积极情绪，从而形成追求新目标的动力。防御焦点个体面对新任务，往往会引发其曾经失败经历所带来的挫败感，进而形成避免再次失败的价值感知。基于这一观点，希金斯所设计的调节焦点问卷共包含 11 个题项，其中，6 个题项与促进型的自豪情绪相关，包括"我时常获得成就，并因此备受鼓舞""我在向成功靠近"等，5 个题项与防御型的自尊情绪相关，包括"我必须遵守父母定下的规矩""我曾经因为不小心而惹麻烦"等。该量表题项数量少，内容简短，有助于较大规模地施以测量，同时，该量表有效隐藏测量意图，最大程度避免了社会称许现象，信度和效度水平较高（姚琦等，2008；Gorman et al.，2012；许雷平等，2012）。但是，量表过分强调被试的亲子关系和成长经历，被试往往因为时间久远而难以回忆其测试内容，并且利用过往的任务经历来预测当前的调节焦点，其准确性难以保证（许雷平等，2012；曹元坤和徐红丹，2017）。洛克伍德等（Lockwood et al.，2002）所开发的调节焦点问卷则有效避免此类问题，该量表测试的是被试当前的态度、风格和行为习惯，更为稳定地反映被试的自我调节倾向，量表分别测量两种调节焦点，测量促进焦点题项如"我常常关注未来期望达成的成就""我经常设想如何才能实现理想和抱负"等 9 个题项，防御焦点题项包括"我经常考虑如何避免生活中的问题""我常会关注生活中的负面事件"等 9 个题项。对洛克伍德开发的调节焦点问卷进行元分析的结果表明，促进焦点因素和防御焦点因素的信度均为 0.82，因而该量表也成为学术界使用最为广泛的调节焦点问卷（Gorman et al.，2012），同时，在中国情境下后者的量表相比前者也被证明具有更高的信度（王文忠等，2005）。

情境调节焦点的诱发方式与其概念内核密切相关，最经典的操纵方式即为通过构建相应的情境特征以激活被试的调节焦点（Förster et al.，1998），例如，告知个体"任务完成出色会有奖励"，此时所建立的"获益情境"会激发被试的促进焦点，而告知被试"任务完成不好会有惩罚措施"则会由于"损失情境"启动被试的防御焦点（Gino and Margolis，2011；Sassenberg et al.，2014）。另外，调节焦点概念区分为个体所实现的理想自我和责任自我。因此，学术界也采用被试自报告的形式来激发情境调节焦点，即通过请被试写下五条自身曾经的成功经历或者希望实现的理想愿望来激发其促进焦点，或通过被试回忆曾经的失败经历或者必须遵守的责任义务来启动其防御焦点（Hamstra et al.，2014；Peng et al.，2015；刘景江和刘博，2014）。

### 2.2.3 调节焦点匹配

基于调节焦点的核心内容，希金斯（Higgins，2000）将其拓展并提出调节匹配概念，概念主要强调个体的调节焦点与其所追求的行为方式之间的关系。当人们在目标的追求过程中，往往存在特定的内驱动机导向，从而使关注的内容和兴趣有所差异，并据此以特定的方式、策略和方法实现目标（Lockwood，2002），最终达到实现目标的理想状态和未实现目标的非理想状态。不同调节焦点的个体也会采用各自偏好的行为模式，促进焦点个体倾向于采取热切的行为策略，防御焦点个体采取规避的行为策略，此时则达到调节匹配。相比于非匹配状态（促进焦点个体采取规避策略，防御焦点个体采取热切策略），匹配状态在目标追求过程中体现的动机强度、主观评价和情绪体验会呈现增强效应，形成"更好的感觉"（feeling right），进而提高个体对于所完成任务的价值感知（Avnet and Higgins，2006），图 2.1 为调节焦点匹配示意图。

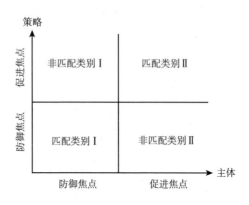

**图 2.1　调节匹配示意图**

例如，对于在读学生来说，获得优秀的学习成绩是其共有的目标，表面看来，大家的目标和宗旨是一致的，但实际上可将学生分为两类：一类是学生将获得优秀的成绩作为自身的理想和愿望，真正热切地希望实现该目标，并将此目标作为自身成长需要，此类学生为促进焦点个体；另一类是学生将优秀成绩的实现看作是自己必须实现的一种责任和义务，试图通过规避犯错加以实现以满足安全的需要，此类学生为防御焦点个体。两类学生所使用的目标实现策略也存在差异，促进焦点学生往往通过广泛阅读校外材料的策略提升自己，而防御焦点学生则一丝不苟地完成老师安排的课业任务。此时，他们都认为自身正在做着正确的事情，使其行为充满"正确"的价值感知。由调节匹配概念的创造者希金斯等（Higgins et al.，2003）设计的价格实验同样说明了调节匹配效应，实验先测量被试的调节焦点，然后告知被试除了承诺的实验费外，还将以一个咖啡杯或者一根钢笔作为额外的奖励（预实验表明，人们喜欢咖啡杯和钢笔，两者相比更偏爱咖啡杯），通过不同的框架信息观测调节匹配效应：首先请一半被试思考，在咖啡杯或者钢笔的选择中，更想得到什么？请另一半被试思考，在咖啡杯或钢笔的选择中，将放弃什么？与预实验结果一致，几乎所有被试都选择了咖啡杯，然后要求被试估计所获得的咖啡杯的价格，结果表明：相比于非匹配条件，当促进焦点被试与获得情境匹配以及防御焦点被试与损失情境达成匹配条件时，被试预估价格高出 40% ~ 60%。

调节匹配的相关研究主要采用操纵调节焦点的形式达成一致匹配，操纵方式主要包括两种：独立式操纵和整合式操纵。独立式操纵适用受环境和任务信息等影响不大，甚至独立于所在情境的研究。该操纵方式是将个体稳定的调节焦点与特定的行为策略达成匹配一致（促进焦点与热切策略匹配，防御焦点与规避策略匹配）。根据希金斯等（Higgins et al.，2003）编制的简单撰写任务则能有效实现独立式调节匹配操纵，先请一半被试列举当前理想或希望的目标以启动其促进焦点，然后请另一半被试列举当前其拥有的责任或义务以启动其防御焦点。随之，若想实现调节匹配，则请促进焦点被试继续写出实现当前理想或希望的有效路径，请防御焦点被试写出履行当前责任或义务的有效途径，此时则达成了调节匹配的实现。而要求促进焦点被试写出实现理想或希望在生活中不能犯的错误，以及要求防御焦点被试列举如何实现规避错误的热切策略。通过交叉其目标和实现目标的策略，形成了两维度四种情况：两种匹配（促进焦点目标与促进焦点策略、防御焦点目标与防御焦点策略）和两种不匹配（促进焦点目标与防御焦点策略、防御焦点目标与促进焦点策略）。

整合式操纵则将调节匹配嵌入到研究的情境或任务中，例如决策任务、谈判任务、说服情境等。在此类研究中灵活地将个体的调节焦点与实现目标的行为方式达成匹配，使得研究更贴合于研究情境，实现整合式操纵。已有研究表明，促进焦点个体强调理想和愿望，对于获得与否具有更高的敏感性，防御焦点个体关注责任和义务，对于是否损失更为看重，因此，框架效应是两种调节焦点敏感程度的差异因素，也是调节匹配的重要情境因素。例如，在安富利和希金斯（Avnet and Higgins，2003）的价格实验中，体现了该整合式操纵思想，即请促进焦点选择获得咖啡杯还是钢笔，请防御焦点选择放弃咖啡杯或钢笔，以实现调节匹配。由于整合式操纵能够将任务、框架和情境直接应用于调节匹配条件，形成直接和即时的作用效果，被调节匹配研究的学者广泛使用并得以推广。

## 2.2.4 调节焦点在创业领域的研究

与一般的管理活动相比，创业活动具有高度的不确定性和资源约束性，这就使得创业者对于产品前景、市场反馈和竞争对手等缺乏客观认知，无法按照惯例来制定行动逻辑（Hambrick and Crozier, 1985），没有现成的组织成规和决策程序加以遵循。同时，在资源高度约束的情境下，创业者难以掌握与创业行为有关的完备信息进行方案选择，加剧了创业者的行动失误概率。此时，创业者往往通过自我调节过程，调动其自身所具有的知识、能力、技术和激情等内部资源参与创业活动（Cardon et al., 2009），以期依靠自我调节在复杂动荡的创业环境中获得成功（Tabor, 2006）。布罗克纳等（Brockner et al., 2004）将调节焦点的自我调节过程系统引入创业研究领域，他们构建较为全面的理论框架观测调节焦点在创业过程中各个阶段的关键作用。研究表明，促进焦点和防御焦点在创业各阶段具有不同作用，合理地使用和调动自身的调节焦点可以有效取得创业成功。例如，在创业初期，创业者注重开发新产品和新服务，倾向改变和迎接新的可能性，因而促进焦点所强调的创造力有利于机会识别，而创业方案比较过程中，创业者的防御焦点有助于规避风险和避免犯错，研究最终认为不同创业阶段需要差异化调节焦点的动机取向，只有不拘泥其中任何一种并灵活转换和结合两种调节焦点，才更有可能获得创业成功。结合该理论框架，调节焦点主要在创业意图、机会识别和新企业绩效三个领域开展研究。

创业作为一种典型的计划性行为，需要创业者进行重要的战略规划和决策制定，并投入大量的资源和网络去实现创业成功（张秀娥和张坤，2016）。因此，创业意愿在个体的创业过程中起着重要的驱动作用。研究表明，创业意图是预测创业行动的最佳指标（Zhao et al., 2010）。麦克马伦和谢泼德（McMullen and Shepherd, 2002）引入调节焦点理论发现，相比于防御焦点创业者，促进焦点的创业者更倾向于积极结果，对于创业活动的预期收益更高，创业意图也更为明显，这一结果与促进焦点关注成就和成功的理论内涵一致。防御焦点的内涵强调责任和义务，这就促使学者试图探究防御焦点在社会创业中的潜在作用。约翰逊等（Johnson et al.，2015）认为，社会创业者的行为出自其对于社会的责任感知，因而以预防为重点的个体可能因其防御焦点而投身于社会创业。

创业是创业者与创业机会互动条件下价值创造的行为过程，该过程始于创业者对于未被开发的具有经济或社会价值的创业机会的识别，因而创业研究也将更多的精力置于创业机会识别和开发的逻辑主线中（Baron，2006；Shane，2012；杨俊，2014）。为破解创业过程中的创业机会的行为规律之谜，学者引入调节焦点对其加以探究。研究表明，相比于防御焦点个体，促进焦点个体更有可能搜索和识别新的创业机会。图马詹和布劳恩（Tumasjan and Braun，2012）发现，促进焦点创业者与创业机会开发的数量和创新性成正比，而防御焦点创业者与之无明显相关性。个体调节焦点之所以作用于机会识别过程，主要在于其影响创业者的机会识别模式，因为创业机会就是将看似无关的事件与趋势加以联系，继而采用新的结构组合方式对其进行调整，以创新技术和市场之间的组合关系。另有学者认为，创业机会识别被视为是创业警觉性驱动的结果，创业警觉性有助于扫描和搜索机会、跨信息源连接并评估已识别机会（Tang et al.，2012），而促进焦点创业者被证实与创业警觉性的搜寻行为有关，防御焦点的创业者在评估潜在收益和损失的创业警觉方面更具优势，从而实现创业机会向行为的转化。

创业绩效是创业成功的重要预测指标和新创企业最终实现的经营评价指标，因此，创业绩效成为创业管理研究的重点和热点研究领域。学者基于不同学科和理论视角对创业绩效开展研究并取得丰硕成果，其中创业者对于创业绩效的关键作用不容忽视，而调节焦点理论也为该过程提供了新颖且具有价值的见解。例如，菲茨西蒙斯和道格拉斯（Fitzsimmons and Douglas，2011）认为，在创业过程的早期阶段，防御焦点创业者受其调节焦点影响更善于规避资源的损失，从而有利于创业活动开展并获得创业绩效。雅斯基维奇和卢查克（Jaskiewicz and Luchak，2013）发现，在稳定的创业环境，家族成员担任的 CEO 更关注保护企业的经济和社会效益，因此，采取防御焦点策略以达到避免损失目的，此时家族企业创业绩效更优；而在灵活性和快速变化为特征的动态环境中，由非家族成员担任 CEO 更有利于创业绩效提升，原因在于其寻求企业发展过程中采用了促进焦点策略。这与麦克马伦和扎赫拉（McMullen and Zahra，2006）的结论不谋而合，他们认为无论是促进型或是防御型个体均具有积极的创业倾向，而创业者面对敌对环境时，调节焦点的差异化则体现出明显不同的创业绩效。大量研究同样证实，CEO 的调节焦点和企业经营状况的协同关系对新创企业创业绩效产生深刻影响（Hmieleski and Baron，2008；Kammerlander et al.，2015）。

## 2.3　理论基础

### 2.3.1　调节焦点理论

动机（motivation）被心理学家解读为激发、维持和调节个体生理活动和心理活动的内生动力，并引导个体实现特定目标的心理过程（Maslow and Abraham，2007）。该定义表明，动机并非行为本身，而是先于行为存在，以某种内隐的方式支配行为的方向和强度，并有效激发行为发生。对行为的激发不仅体现在对内在意愿的促进作用，同时对行为产生维持和引导作用，持续到目标完全实现（Kanfer，1990）。动机的形成由内外部因素共同影响，内因是指个体内在需求，是个体行为的原生动力来源。内因一旦形成，则会稳定持续地刺激个体，驱动其逐步实现目标以满足需求。外因则是由环境刺激形成的外部诱因，能够影响个体的行动策略。在非强烈内因的情况下，外因可以有效刺激个体产生动机。因而，动机的内部动因和外部诱因具有密不可分的联系。

长久以来，享乐原则（hedonic principle）主导着学者们对人类行为动机的理解。它是心理学、组织行为学、行为经济学和社会心理学在理论上对个体行为动机的基本假设，认为每个人生来就具有不断追求快乐和避免痛苦的天性，该原则长期主导着人类行为。几个世纪以来，虽然享乐原则解释了人类行为动机的来源和本质，但是仍然有一些行为动机的现象难以用该理论加以解释：趋近快乐和远离痛苦的标准是否一致？在追求快乐和避免痛苦的过程中，为什么有的人更注重追求快乐，有的人则更注意规避失误？在获得成功时，为什么有的人深感快乐，有的人则平静如水？面对失败时，为什么有的人失落沮丧，有的人却激动不安？因此，享乐原则并没有对"追求快乐的趋利"和"避免痛苦的避害"两种动机加以区分，也未解释这些动机是如何产生并通过何种途径加以实现。

基于此，美国心理学家希金斯于 1997 年提出调节焦点理论，深度刻画了人类行为的进取—规避原则，这些问题才得以明晰，不仅对趋利和避害的两种动机进行区分，还进一步解释了不同动机导向的形成机制和实现途径。调节焦点理论实质是对自我调节机制的细致阐释，个体的自我调节是依据自身动机的引导并设定自我偏好和标准从而追求目标行为，通过调整情感、认知和行为等适应环境的过程（Porath and Batcman，2006）。调节焦点理论认为，个体具有两套不同的自我调节系统，即促进调节焦点（promotion regulatory focus）和防御调节焦点（prevention regulatory focus）。促进调节焦点的个体往往表现出进取动机导向，努力实现理想和愿望，注重个人发展和自我实现，强调获得—无获得情境，对于积极结果的实现更为敏感，情绪跨度由实现目标到未实现目标呈现为快乐—沮丧的情感维度；防御调节焦点的个体往往会表现出规避动机导向，在处理事情时努力避免出现错误和失败，注重履行个人责任和义务，内化于无损失—损失情境，通过谨慎回避的实现策略规避消极结果的产生，以负面结果的出现作为情感评价标准，情感体验则表现为平静—焦虑的维度跨度（Brockner and Higgins，2001；Friedman and Förster，2001）。调节焦点理论指出，个体调节焦点的形成主要受到两个方面的影响，分别是特质调节焦点和情境调节焦点（Crowe and Higgins，1997）。研究发现，特质调节焦点相对持续且稳定，情境调节焦点短期且即时（Higgins，1997；Manczak et al.，2014），这与动机的内部动因和外部诱因相对应，两者交互共同作用于个体的调节焦点。

调节焦点的提出在心理学领域产生巨大反响，被称为近二十年来动机理论的最大突破，其回应了动机研究领域的关键问题，即"启发行为的核心因素是什么"以及"行为一旦发起，是什么决定其行动方向"。该理论提出了一个促进和防御的二元动机体系，弥补了传统动机理论对进取和规避导向缺失的弊端，最大程度地说明了追求目标的最终状态差异。调节焦点理论一经提出，就受到学术界的广泛关注，研究表明调节焦点是可靠的个体差异因素并成为态度和行为的重要预测指标，创业管理、消费者行为、组织行为以及医学等研究领域的学者纷纷围绕该理论展开学术研究，不仅深化和推广了调节焦点理论的理论内涵，同时也拓展了该理论的研究范畴，使其成为 21 世纪应用最广的心理学理论之一。

调节焦点理论作为心理学领域重要的动机理论，对个体的认知和情感产生影响，通过有效预测个体的态度和行为，为深入讨论风险投资决策行为的研究提供了全新视角。理论指出，个体促进焦点和防御焦点的动机差异是行为异质性的重要因素。在中国情境下，风险投资人和创业者的投融资决策所引发的行为驱动是否由两者调节焦点的匹配关系而激活，并由此产生不同的投资决策结果，是一个值得深入讨论的问题。回应此问题有助于将内隐的投资决策逻辑以外显化的调节焦点动机特征明晰。同时，调节焦点的理论内涵不仅指向创业者和投资人的特质调节焦点匹配对投资决策的影响，还指出情境调节焦点和特质调节焦点对行为决策产生协同作用，投融资的决策过程受到哪些独特的中国情境特征影响也应通过调节焦点理论予以解释。当创业者面对投资人的差异化出资额度时，实则是将创业者放置于损失框架中并体验着不同程度的预期落差，同样涉及调节焦点理论的重要内容。因此，调节焦点理论对本书具有较强的理论指导意义，并为其构建了全面的逻辑框架。

## 2.3.2　认知—情感个性系统理论

20 世纪以来，心理学对于人格的研究主要形成两个派系，分别是人格特质研究和人格过程研究（Burn and Zurilla，1999）。人格特质研究主要阐明个体偏好的差异源于其稳定的人格特质，且此类人格特质差异也是行为的决定因素（Goldberg，1993）。而人格过程研究则强调人格特质是由不同动态中介单元组成的系统，并与环境相互作用而形成的心理过程（Mischel and Shoda，1995）。两种派系皆具有其合理性，也都存在不足。对于人格特质论的常见批评在于该学派仅仅观测了特质在行为中的驱动作用，但是未能充分考虑行为特质的加工和动态过程。而人格过程学派表面上探讨了许多不同的人格动力过程，但是并未研究其整体性，没有抓住人格特质的本质从而缺乏必要的收敛过程。因此，结合心理学关于"寻找人格特质的稳定结构"和"人格特质如何运作"的两个核心疑问。20 世纪90 年代，米歇尔等（Mischel et al.，1995）提出了认知—情感的个性系统理论，对个体特质、行为倾向、动机和情境等核心要素进行了一致性探讨，有效调和了特质论和过程论之间的矛盾，成为心理学人格特质研究的重要理论。

实际上，认知—情感系统理论经过了漫长的理论演化。在该理论确立的几十年前，心理学的学者就普遍开始考虑人们认知和情感的关系，当时主流的看法是人们只有先对事物进行认知才会出现情感反应。换言之，在对信息进行深度加工和分析处理后，人们才有喜欢与否以及偏好评价等情感反馈。

早期研究涉及认知和情感的过程模型如图 2.2 所示，人们先通过事物获得感官刺激输入，并通过物理编码和高阶编码两个过程形成认知表征，进而形成情感反馈最终完成决策。显而易见，该认知—情感过程模型中，认知表征和情感反馈具有明显的先后逻辑顺序。而伯林（Berlyne，1966）和埃斯特斯（Estes，1972）两位学者对此观点持怀疑态度并提出了认知和情感双系统观点，这一观点为认知—情感系统理论的提出奠定了基础。他们认为，任何反馈都包含两个路径，分别为认知反馈和情感反馈。认知反馈与主流心理学研究一致，主要包括记忆、知识结构和元认知等过程。情感反馈主要指对于触发积极和消极情绪的无意识刺激、学习以及联想等自动化过程。直到 1980 年，学术界正式提出认知和情感系统这一概念，并通过理论推演和实证检验对早期的先形成认知再激发情感的决策模型提出了挑战。情感反馈可以不经过分析和推演等认知过程产生，甚至可以优先于认知，情感系统和认知系统分别独立，各自控制。

**图 2.2　早期研究的认知—情感过程模型**

　　基于以上理论溯源，米歇尔和绍达在 1995 年提出认知—情感个性系统（cognitive – affective personality system，CAPS）理论。该理论的认知系统和情感系统是理论的重要核心观点，有效地将个体的认知和情感两个重要因素纳入同一系统框架内，认为个体所面对的外部事件会通过影响其个性系统中的认知和情感要素，驱动并决定个体行为。而在认知—情感个性系统中的心理表征包含五个要素，分别是编码、期望和信念、情感、目标和价值、能力和自我调节。

　　编码过程是该理论的最初阶段，即对自我、他人、外界事物以及情境等进行相应分类和意义建构。编码源于认知原型分类观点，认知的基本特征是将人和事物进行分类以实现信息的简化和处理。而该认知过程则通过认知原型加以实现，物质往往具有典型特征，物质特征与认知原型越接近，就越倾向于纳入同一原型领域（Rosch and Eleanor，1975）。以认知原型为核心的编码过程有效地帮助人们了解不同主体之间的差异和共性，并随之影响其行为反应。

　　人们不仅对事物进行描述和解释，还对其进行相应的预测和理解，这就是理论中的期望和信念要素。在决策过程中，期望和信念会通过注意力分配对行为产生一定程度的影响。这种预期包含两个层面的分类：一是有关自我效能，当个体相信自身可以完成某项特定行为和任务时，则包含了自我效能的预期，后续行为将以预期成功的状态加以行动，从而试图实现自身的期待；二是对于行为与最终结果的预期，形成"如果—那么"的"情境—行为"预期，主要关注个体与人际情境之间的互动，例如，如果更专业的人听到我的想法，那么我就会进步更大。因此，不同的情境所产生的结果预期也不尽相同。

情感是情绪和感受的整合系统，对后续信息加工和行为倾向具有重要影响。个体面对自我或者他人的感知状态和信息来源具有情绪唤醒的作用和功能。因此，人类行为与情感密不可分，任何获益和损失的情境和事件都会触发其情感反应。而且，此类反应机制可能在无意识下即刻且自动产生，并影响个体的后续行为决策。这些情感反应的异质性反映不同的个体差异，与其稳定的特质密切相关。

目标和价值引导人们追求和实现长期计划，是行为动机和组织行为的核心要素，涉及个体意图实现的积极结果和状态，避免厌恶的消极结果和情感。目标和价值是同一概念的两个要素，目标决定价值，价值进而影响行为倾向。如若两个个体具有相似的期望和信念，是否会产生相同的行为有赖于他们所预期的结果对于两者来说是否具有目标和价值的差异。如果两者追求的目标或者主观价值不同，他们也会表现出差异化行为。

能力和自我调节是指个体潜意识的行为倾向和内在能力等影响决策和状态的计划和方式，如元认知策略、认知转变和认知负荷等。通过能力提升的自我调节系统，个体可以挑战所处环境，并有效控制外界刺激，产生实质性改变环境和情境的行为结果。自我延迟满足是能力和自我调节的重要体现，也蕴含该观点的核心内涵。自我延迟满足包含两个理论阶段，分别是延迟选择和延迟维持。延迟选择需要被试在即时且价值较小的奖励和延迟且价值较大的奖励两者之间作出选择，延迟维持则是为延迟选择所付出努力的执行过程。两者共同体现控制冲动和意志力维持的自我调节策略（Mischel et al.，1988）。

CAPS 理论认为，不仅个体的认知—情感系统的要素之间存在差异，同时也与外界环境存在交互作用。当个体面对某一特定情境特征时，往往会形成个性系统的动力过程，激活认知和情感通路，最终决定个体计划、策略和行为决策（于松梅和杨丽珠，2003）。认知—情感个性系统理论将心理学不同流派加以整合，调和了长期以来特质论和过程论之间的理论鸿沟，弥补了特质论研究的局限，并对其具有进一步的扩展作用。特质论一味强调个体特质的独特作用，忽视了过程间的差异，而 CAPS 理论不仅对特质进行分类并静态预测特质行为，在方法论层面杜绝了机械化的研究倾向。同时，理论也积极吸纳不同研究的优势，将认知系统和情感系统纳入同一研究框架，对探讨心理现象的相互作用和动力机制起到了积极作用（Kunda and Thagard，1996）。CAPS 理论在严谨的理论推演和延迟满足等实验研究的基础上，对人类复杂的社会行为进行了全方位和动态的观测，对心理学理论"大统一"的发展作出了突出贡献（罗珊红，1998）。

本书从创业者和投资人视角出发探究其对风险投资人投资决策的影响机制，该理论对本书的假设模型具有良好的解释力度和预测水平：根据认知—情感个性系统理论，个体的态度和行为受到情境特征的影响。创业者—投资人之间的匹配作为一种同质性情境很有可能会影响风险投资人和创业者的投融资态度和行为，其中间机制则是通过认知和情感系统的激发而产生。因此，本书考虑到所涉及的核心变量，将创业者—投资人之间的一致匹配作为情境特征，而投资人的投资决策作为理论框架中的实质行为，把认知风格和情绪唤醒分别理解为由外在情境特征而激发的认知系统和情感系统，视投资决策为一个整合系统，更为贴合现实的创业实践。

### 2.3.3　前景理论

经济学的学术根基和研究前提基于"经济人"和"理性人"的基本假设，个体决策遵从期望效用理论，以效用最大化和一致性偏好为决策属性，认为个体具有有序偏好、完备信息和信息处理能力，以精确量化的数学模型和经济学公式作为其决策依据（陈建明，2003）。然而实验经济学中大量的行为决策研究所得结论与传统经济学观点相悖，决策个体偏离理性，决策过程背离经济学理论基础，使得人们开始怀疑整个经济学学科的科学性，试图尝试挖掘另一条路径重构或补充经济学的理论基石。心理学家卡尼曼与其搭档特沃斯基针对期望效用理论的基本假设，设计了大量的心理学和社会学实验，以探求决策行为的逻辑和本质。他们发现，经济生活中蕴含着不确定性，在实际的个体决策环境中，不确定情境下的决策数量要远远多于确定性情境（边慎和蔡志杰，2005），这就造成了传统经济学的系统性偏差，据此提出前景理论这一期望效用理论的替代解释理论，该理论对经济学领域产生深远影响。

前景理论是有关风险决策的描述性理论，认为决策过程经历早期的"编辑"和后期的"评价"两个主要阶段，编辑阶段是梳理当前的各种选择，通过参考点效应将决策面对的选择加以简化，评价阶段则是以评估简化后的各种方案为基础，通过价值函数和权重函数的计算，从中选择最高价值的前景并作出最终决策（施海燕和施放，2007）。在决策的编辑阶段中，前景理论认为损失规避是该阶段形成的前提。损失规避概念的提出源于著名的赌博实验：被试并不愿意参加收益和损失均为 50 美元且概率均为 50% 的赌博实验，随着损益金额的逐步提高，愿意参与实验的人数越少，这就说明损失和收益对于个体来说具有不同的效应，从心理学角度分析可发现损失相比于收益所产生的效用更为明显，这就是损失规避的核心内涵（Kanhneman and Tversky，1979）。损失规避不仅提出了损失更为明显的心理效用，同时提出损失规避存在明显的参照点依赖效用，即行为决策的判断标准并非决策的最终损益状态，而是相较于参照点的损失或收益变化。结合这一观点，损失规避定义为与参照点相比，等量的损失比等量的收益所产生的心理效应更为明显（Kahneman et al.，1991）。前景理论评估阶段的具体内容由价值函数和概率函数两部分构成，其中，价值函数是前景理论的精华所在。价值函数由决策者主观制定的参考点为区分，形成收益和损失两种情况。

如图 2.3 所示，价值函数曲线呈现"S"型，在参考点右侧为实际效用大于预期效用，价值函数体现为凹函数，此时决策者面对的是收益情境，为追求效用最大化，决策者体现为小心翼翼地选择风险规避；在参考点左侧则为实际效用小于预期效用，价值函数体现为凸函数，此时决策者面对的是损失情境，决策者体现为甘愿冒险地选择风险偏好（何大安，2005）。同时，在收益情境下，随着距离参考点的收益变化量的增加，其效用的增加程度递减，损失情境中随着距离参考点的损失变化量的增加，其效用的下降程度同样递减，这体现出距离参考点的绝对值越小，其效用变化越缓慢的价值函数边际递减特征。另外，相比较于参考点两侧的差异化情境，同等量的损失和收益产生的效用也不相同，体现在两条曲线的斜率差异，这也是损失规避观点的直接体现，即人们对于收益和损失的敏感程度不同，由等量损失带来的痛苦远大于等量收益带来的快乐。概率函数则是与权重函数共同决定着决策者对于前景的判断，实际的经济决策中，决策者并非遵循贝叶斯法则，其决策过程渗透着个人认知和情感因素的影响从而产生决策偏差（Tversky and Kahneman，1992）。根据前景理论中权重函数的相关研究，个体会对客观的小概率事件赋予较高的心理权重，会为了追逐小概率事件的达成而实施风险偏好行为，同时对客观的大概率事件赋予较低的心理权重，表现为风险规避占主导（Tversky and Fox，1995）。

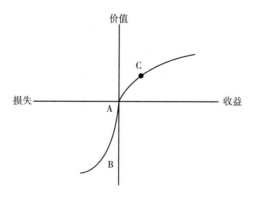

**图 2.3　前景理论的价值函数曲线**

前景理论中的损失规避和价值曲线所反映的内涵被认为是一种无处不在的现象，其中用于解释禀赋效应的应用最为广泛。禀赋效应是指个体对于自身所拥有的事物的评价和价值感知比未拥有该物品的个体更高（Thaler，1980）。禀赋效应以商品交易实验为源头，将被试分为两组，要求获得物品的一组被试提出愿意出售该物品的最低价格，同时要求获得现金的一组被试给出愿意购买该物品的最高价格，结果表明最低价格是最高价格的两倍。进一步的研究表明，物品组被试将失去物品看作一种损失，为补偿该损失发生则会提升物品价格，而现金组被试则将购买物品的金额视为损失，试图通过压低价格来尽量减少损失，两组被试在置换过程中对于自身拥有事物的高估就是损失规避的重要体现。

风险投资过程中，创业者往往将自身的创业项目视为自身禀赋，投资人将所持投资视为其自身禀赋，在风险投资的置换过程中，两者均由于禀赋效应的存在，为获取更多利益而分别调整价格，最终创业者面对实际的投资额度低于预期的投资额度的损失情境。此时，为何有的创业者欣然接受低额度投资，而有的创业者却断然拒绝，通过调节焦点理论与前景理论的有机结合，从动机视角和损失补偿视角看待创业者对于损失情境的理解和认知有助于解释面对损失情境的创业者融资决策差异。本书将前景理论中的损失情境决策主体创业者以及风险投资人声誉和多元主体投资等情境因素纳入融资决策模型，不仅弥补了以往只关注投资人投资效应的研究，同时意识到创业者融资意愿并非具有同质性。随着创业者自身动机和投资情境的不同，即使面对同样的低投资额度，创业者最终的融资意愿也会不同，全面解释风险投资的动态过程和逻辑链条，重视了创业者的主体作用和能动作用。

## 2.4　现有研究述评及对本书的启示

综合以上研究，新创企业风险投资的相关研究受到学者的高度重视，研究分别从创业者视角和投资人视角观测投资决策的内生机制并积累了一定的有益成果。然而，风险投资行为是在一个复杂的社会网络中进行，体现于创业者依靠与投资人互动获取其所需要的创业资金来开发创业机会并创建企业，投资人为创业者提供信息、资金以及精神情感等多方面的支持。另外，风险投资的主要功能是通过自身的资本运作将资金资源与新创企业进行有效调配，以促进新创企业的成长，同时通过风险投资拓宽创业者和投资人的交易渠道，培养投资市场的资源配置作用和投融资体系，实现创业和市场化的长效机制。与传统融资模式不同，初创期新创企业的投资过程中，风险投资人不仅为创业者提供资金，也扮演导师、专家和朋友等多重角色。基于投资人和创业者双边视角将两者同时纳入研究体系，可使研究更贴合创业实践，同时，只有充分考虑两者的交易意愿，才能促进创业活动的顺利开展和风险投资市场的健康稳定。因此，基于创业者和投资人双边视角进一步理解风险投资人与创业者之间复杂的互动关系是创业研究和风险投资研究的重点。

本书对于创业者和投资人的双边思路部分来自现有文献的启示，创业领域的双边研究起源于网络学派，该学派认为创业是网络化过程。新创企业在各种行动者相互作用构成的网络中产生，其中，最为重要的关系则是创业者及其利益相关者必需的双边联系。在这一联系过程中，创业者主要目的是获取资金支持和信息资源等，创业者与其他行动者之间表现为情感和社会关系，与此同时，工具性的经济关系也可能存在，资源的获取主要通过社会交换关系或者理性经济合约。随着新创企业的战略愿景和经营目标逐步明晰，创业者对相关资源进行筛选，选取必需的双边关系为创立企业提供足够的资源。该过程存在一定程度的风险和试错，信任、互惠规范、共有目标和相互依赖是双边关系的主要特征，这也为后续研究提供了较为普适的双边理论框架，风险投资人和创业者之间的双边匹配研究也基于此开展。已有研究发现，投资人和创业者在专业背景、技术能力和思维模式等方面的双边匹配有助于创业者获得投资人的风险投资，双边匹配甚至可引发投资人对于创业项目和新创企业作出过于积极和乐观的评价。杜什尼茨基和莱诺克斯（Dushnitsky and Lenox，2005）发现，投资人和创业者在资源和技术上的双边关系是风险投资决策的关键驱动因素。赫格德等学者（Hegde et al.，2014）基于美国风险投资行业数据发现，投资人倾向于投资与自身种族相同的创业者。巴门斯和科勒瓦特（Bammens and Collewaert，2014）提出，信任是投资人和创业者双边匹配的内在机制，投资人对创业者信任水平越高，越有可能对其产生积极评价，从而投资该新创企业。黄福广等（2014）发现，中国风险投资机构在制定投资决策时，本地偏好是其投资决策的重要因素，即倾向于投资与自身地理位置临近的新创企业。

研究表明，已有文献对风险投资决策与新创企业进行了相关研究和梳理，尝试回答了"风险投资如何挑选被投新创企业"这一核心问题。但与国际前沿文献相比，基于风险投资与新创企业的双边互动研究还存在明显不足。一方面，国内研究仍未突破国际主流研究的理论框架，对创业者如何吸引风险投资人以及双方如何建立关系的认识还停留于概括和描述层面，缺乏对于双边互动过程的理解，难以为新创企业与风险投资互动提供基于新兴市场环境的独特研究视角和理论贡献；另一方面，已有研究将风险投资机构视同一个整体讨论风险投资机构的介入对新创企业的影响，忽略了风险投资机构的差异性以及导致投资决策和投资绩效异质性的收敛机制。考虑到风险投资行业属于知识密集型行业，风险投资人则成为异质性的关键来源，尤其在以中国为代表的新兴市场中，非正式的个人关系在一定程度上成为正式制度的替代品，在行为决策过程中扮演着重要角色，对于投资决策和创业开展也有不容忽视的作用。

因此，结合现有研究的不足，本书继续讨论风险投资决策的影响因素。借鉴现有成果和研究思路，本书基于"创业者—投资人"双边互动视角，以调节焦点概念这一动机特征，讨论创业者和投资人调节匹配对风险投资决策的影响效应。在此基础上，基于认知—情感个性系统理论，本书考察认知系统和情感系统在逻辑链条中的影响机制以及政策在其中的作用机理。最后，本书将风险投资决策链条进行了进一步扩展和延伸，将创业者融资意愿加以补充研究，实现风险投资逻辑的完整性和严谨性，使得研究更为贴合创业实践。

# 第 3 章

# 理论假设与模型构建

　　风险投资活动是一个复杂的动态过程，涉及风险投资人和创业者两个行动主体。本章基于调节焦点理论、认识—情感个性系统理论和前景理论等重要理论视角，系统论证了创业者—投资人调节焦点匹配对风险投资人投资决策的影响机制以及认知系统和情感系统在其中起到的中介作用，同时探讨中国独特的政治制度对该机制的调节作用。研究以投资人投资决策所产生的预期落差进一步深入考察其对创业者融资意愿的影响作用和边界条件，以期对创业领域和风险投资领域的理论研究和实践有所启示，以下将对本书的理论假设与模型构建进行推演。

## 3.1　理论推导与假设提出

### 3.1.1　创业者—投资人调节焦点匹配与投资决策

　　创业是创造性破坏和价值增值的行为过程，与创业者创立企业和创业成功等目标相联系。鉴于此，解释目标实现的内在动机的调节焦点理论为创业行为的研究提供了有意义的理论框架，并引发学者关注（刘依冉等，

2020）。已有研究表明，个体会基于自身的调节焦点对所在环境进行个性化解读，进一步对行为倾向产生影响。创业者的风险融资过程同样是创业者个人调节焦点驱动的集中表达，其表达过程遵循着趋利避害的原生动力和心理基础，实则是为达到特定目标而改变和控制自身思想和行为的自我调节过程。风险投资注入不但有助于新创企业规模的扩大，同时也促进创业企业成长能力的提升，有效促成企业可持续竞争优势的塑造（邱科，2019）。因此，风险投资人会选择什么样的创业者，以及投资决策的形成机制，成为一个值得研究的重要问题。

调节焦点理论指出，个体在目标实现过程中，具有异质性的动机倾向，分为促进焦点动机和防御焦点动机，两种动机的内在需求不同，使得创业者在面对不确定环境时，在机会识别、风险承担、资源配置以及市场开拓等方面存在系统性差异。促进焦点个体关注成长需求和进取导向，其战略路径以追求目标的促进策略为主，关注理想自我，注重个体的理想、希望和愿景的实现（Higgins，1997）。因此，促进焦点的创业者成就动机更高（Tang，2009；张秀娥和王超，2019），在创业过程中拥抱更多可能性并对新信息更为敏感，通过对所处环境的新颖解读，此类创业者在创业过程中更为大胆，优先将创业资源用于开发新的市场机会，构建新市场和新技术之间的全新组合。同时，他们尝试寻找产业"蓝海"，并将产品快速引入市场，占领行业领先并获得市场支配地位。促进焦点创业者在创业决策过程中，深信自己能够准确评估并把握创业形势，所驱动的认知框架将更多关注创业的积极后果，不断通过创新行为挑战既有的行业规则，甚至改变行业当前的发展模式。同时，促进焦点的创业者在战略决策过程中倾向于追求速度，更偏爱快速行动而非等待与追随。防御焦点个体则以安全需求和防御导向为主，行为策略着重于防止错误，并关注责任自我，注重自身的义务和责任的履行。此类创业者对有损新创企业的信息更为敏感（Higgins et al.，1994），希望通过规避风险和循规蹈矩获得企业的稳步长远发展，他们更为强调确定性收益以获得安全感和可持续竞争优势。由此，防御焦点创业者在创业过程中，谨慎地收集创业信息并对其进行细致加工，表现出明显的注意力配置收敛，对高风险的创新性信息避而远之，使得其注意力的广度收紧并向深度挖掘，直接导致其倾向于选择迭代式项目和渐进性任务，拒绝不确定性强的高风险创业项目。所以，防御焦点创业者强调依靠新创企业的创业产品和技术满足已有顾客的纵深市场需求，呈现保证效率和风险稳定的创业特点，通过观察行业先动者的战略选择及效果以实现后发优势，减少新创企业自身面临的不确定性，有效避免企业因盲目冒险而造成的创业困境从而获得稳定的市场份额。他们善于识别现有市场已然具备的核心竞争优势，强调通过内部运营效率的提升实现产品和服务的改良，维持顾客对新创企业核心产品的忠诚。受限于创业活动的高不确定性，防御调节焦点创业者会通过观察和总结等创业学习途径加强新创企业的资源获取和整合能力，以更好地发挥现有资源的价值增值。

在风险融资过程中，创业者在面向风险投资人进行路演的过程中，其阐释创业项目会通过特定的语言和形象化的言辞表述自身的价值观和理念，鼓励风险投资人能够理解并认可自身渴望的创业未来。促进焦点创业者在商业计划书的撰写和路演过程中，更强调积极愿景和前瞻性的表达，其间会更多出现"史无前例""巨大市场""解决痛点"等语言词汇（例如，该创业项目是全球首例，消费群体十分广泛，能够有效解决当前的行业痛点，具有巨大的商业价值。我们的项目所做的不仅仅局限于一个产品，我希望我们的项目能够引领国内外同行业产品的发展方向）。同时，此类创业者倾向于构建获得—无获得的创业呈现（例如，创业项目获得创业投资后，将会获得超额利润，风险投资人将有巨大回报），关注新创企业成长、壮大和自我实现等内在需求，强调创业者自身想做的事情，试图通过更为冒险的行为准则传达自身的创业意图和创业期望，并希望以此向风险投资人传达新创企业较强的成长潜力信号，并赢得风险投资支持。而防御焦点创业者在向风险投资人表述的信息中，强调创业的活动必须朝着正确的方向进行且不能产生偏差，以使得风险投资人意识到创业者对于责任和义务的关注。此类表述突出对于现有市场的改变，语言表达多呈现"延续""拓展""进步"等（例如，该项目是对现有市场的补充和拓展，在增强了消费者对于该产品的忠诚度和依赖性的同时，提升了其产品好感度。该产品并非跨越式的创新，但是通过一步一步产品的迭代，最终会稳步实现创业产品的市场份额。这样不仅可以依附于现有产品的消费市场，而且可以吸引并获得新用户，市场前景光明），突出该创业项目与现有市场的可比属性，并非全新技术和产品，构建损失—无损失框架（例如，创业项目获得创业投资后，必然会获得可控且合理的盈利能力，风险投资人绝不会有所亏损），体现创业项目较为温和的盈利能力和可以避免的创业失败。通过对于创业项目中不得不做的事情和必须规避的战略失误的传达，塑造沉稳的创业者形象，试图传达创业者稳健实现新创企业长远竞争优势的可能性。

风险投资人作为风险投资的决策主体，同样受到调节焦点的内在驱动。促进调节焦点的投资人往往更为关注新创企业的超额盈利能力，希望创业者勇于开拓市场潜力，并鼓励其关注新市场和新技术，激发新创企业实现盈利目标，强调追求速度而忽视准确性和严谨性，对于风险和不确定性具有较强的容忍度。同时促进调节焦点投资人关注变革，试图通过行业领先获得更高的新创企业绩效。因此，在审阅创业者的商业计划书和路演互动过程中，着重强调创业项目是否领先和求变，提问互动也具有明显激进策略（例如，该项目与目前行业同类商品的差异性体现在哪里？是否领先于行业的产品？作为创业者，你如何实现企业上市？）。与促进焦点相反，防御焦点投资人更为注重创业项目的稳定性和预期收益的安全性，往往基于"禀赋效应"带来的维持现有市场份额和产品定位考虑，而选择风险较低但是预期收益明确的低风险创业项目。同时与同类行业相比，关注创业产品是否对标本行业产品，并鼓励创业者实施跟随策略，导致其关注焦点和提问方式也具有明显的防御焦点风格（例如，该项目与目前行业同类产品的联系体现在哪里？是否具有行业的可以学习和对标的龙头企业？作为创业者，你如何避免创业失败？）。

综合以上分析，当创业者和风险投资人调节焦点交互时，会形成调节焦点匹配和调节焦点非匹配的两种分类，即促进调节焦点—促进调节焦点匹配、防御调节焦点—防御调节焦点匹配、促进调节焦点—防御调节焦点非匹配和防御调节焦点—促进调节焦点非匹配四种模式。新创企业的投资与中后期企业投资的差别在于，新创企业投资并不受困于投资回报优先的原则。风险投资人与创业者可被视为分工不同的合作伙伴，风险投资人的分工为资本入股，而创业者则是负责执行分工。因此，风险投资人和创业者一样，倾向于选择具有社会一致性的伙伴加以合作（Vissa，2011）。调节匹配理论认为，当主体间调节焦点达成一致匹配时，会形成额外的价值（Higgins，2000，2003；Avnet and Higgins，2006），这种价值的增值有利于动机的增强，进而促使信息加工的流畅性、正确感的体验和投入强度的增加以形成调节匹配效应（汪玲等，2011）。风险投资决策是一个信息加工过程，风险投资人在该过程中需要不断收集和处理信息，而其对于信息加工的难易程度即为信息加工流畅性（Oppenheimer，2008）。当创业者和投资人调节焦点匹配时，风险投资人会对创业者所表述的创业项目和描绘的创业愿景中所蕴含的风险感知降低，使之形成特定的信息框架并简化信息加工过程。促进调节焦点匹配的创业者和风险投资人处理信息会最大化实现击中的机会，偏好速度而非准确，防御调节焦点匹配的两者则力求最小化犯错的可能，强调准确而非速度。因此，调节焦点匹配增强了风险投资人的信息加工流畅性，对创业者和创业项目产生更为积极的态度。正确感的体验是个体在决策中所体验到的一种感觉，这种感觉使得人们对所从事的事情感到正确，并随之将此感觉转移到事件评估中，从而提高任务绩效（林晖芸和汪玲，2007）。调节焦点匹配可作为风险投资人评估接收到的信息可信度和说服力的重要依据，当创业者和投资人的调节焦点匹配时，所带来的正确感的知觉体验会显著增强并转移到创业者和创业项目的待评价主体。投入强度是一种内在动机的驱动，被定义为评估体验的强度水平，而非仅仅是方向性的引导。当风险投资人制定投资决策时，匹配情境下的信息和感知能够满足投资人维持其调节焦点的动机和导向，则会增强其投入强度，提高对投资决策过程中的专注程度，提高对创业者和创业项目的体验价值。基于创业者和风险投资人调节焦点匹配的分析，由于风险投资人对于信息加工的流畅性、正确感的体验和投入强度的增加等有利因素，风险投资人对创业者和创业项目的预期更好，对该创业行为具有更为积极的态度和价值评价。此时会强化其投资意愿，同时在明确投资意愿的基础上增加投资额度。

基于以上分析，提出假设：

假设 1：相比于调节焦点非匹配，创业者—投资人调节焦点匹配对投资人风险投资决策具有显著正向影响。

假设 1a：相比于调节焦点非匹配，创业者—投资人调节焦点匹配对投资人风险投资意愿具有显著正向影响。

假设 1b：相比于调节焦点非匹配，创业者—投资人调节焦点匹配对投资人风险投资额度具有显著正向影响。

### 3.1.2　投资人认知风格和情绪体验的中介效应

认知—情感个性系统理论认为，个体的认知和情感系统的要素与外界环境存在相互作用。当个体面对某一特定情境特征时，往往会形成个性系统的动力过程，激活认知和情感通路，最终决定个体计划、策略和行为决策（于松梅和杨丽珠，2003）。创业者—投资人之间的匹配作为一种同质性情境会影响风险投资人和创业者的投融资态度和行为，其中间机制则是通过认知和情感系统的激发而产生的间接影响。

#### 3.1.2.1　投资人认知风格的中介效应

创业认知作为创业领域的重点研究议题，引发国内外学者的普遍关注。主流研究认为，创业认知是创业者在创办新创企业及其成长过程中作出解读、判断和决策的知识结构，尝试回答"创业者如何思维和决策"等深层次问题。认知—情感个性系统理论也强调了认知的重要作用，理论认为，编码源于认知原型分类，认知的基本特征是将人和事物进行分类以实现信息的简化和处理。而该认知过程则通过认知原型加以实现，物质特征与认知原型越接近，就越倾向于纳入同一原型领域（Rosch and Eleanor，1975）。以认知原型为核心的编码过程有效地帮助人们了解不同主体之间的差异和共性，并随之影响其行为反应。认知风格这一认知领域的核心变量，得到越来越多的重视，例如，史密斯和巴奇（Smith and Badge，1998）认为，创业作为具有挑战性的创新活动受到认知风格的显著影响。国内学者也提供了基于中国的经验研究，杨俊等（2015）表示创业者的认识风格在创业过程中起着重要的判断和决策作用。可见，创业认知风格是创业决策研究的重要载体和抓手，在风险投资的决策过程中理应受到重视。作为心理学研究领域的重要概念，认知风格的研究具有长达 70 余年的历史，最早可以追溯到美国学者奥尔波特（Allport，1937），他首次将认知与风格两个概念加以联系，并提出认知风格这一构念，用以解释人类的心理特征，其将认知风格定义为个体在信息收集、处理和评估过程中所展现的偏好方式。威特金等（Witkin et al.，1977）对认知风格进行了理论扩展和系统梳理，将认知风格定义为个体感知、评价、解决问题以及制定决策时选用的偏好方式。认知风格研究也因其定义的具象化，而得以扩大到组织行为、人力资源、商业管理和创业管理等多个学科。基于研究的需要，学者将认知风格进行了不同维度的划分和界定，例如，吉尔福德（Guilford，1980）将认知风格划分为收敛型认知风格和差异型认知风格，基尔顿（Kirton，1976）将认知风格区分为创新型认知风格和适应型认知风格。之所以会产生两级相异的认知风格，神经科学的相关研究提供了证据。个体左脑和右脑负责不同的分工和职责，其中左脑负责更为理性和需要分析的信息内容，右脑则负责偏于直觉且更具创造性的加工模式。基于该内核，学者更为认同由艾林森等（Allinson et al.，2000）所提出的将认知风格区分为"直觉—分析"两种状态，原因在于人类思维具有双重属性，分别代表个体的理性和非理性两个方面。

直觉认知风格的个体倾向于采用直觉对决策问题加以推断，直觉型个体倾向于对数据和信息采取富有创造性的方法进行解读和加工，同时此类个体不关注细节，强烈依附于先前经验，通常对决策信息进行整体视角判断。分析认知风格的个体则善于对外部信息进行更为系统和全面地收集和分析，采用结构化的处理方式，他们更为关注具体内容，接受常规和循序渐进的方法对信息加以逻辑整合，因此反应和处理更为缓慢（Allision，2010）。通过对直觉和分析两种不同认知风格的划分和细化，认知连续介质理论被学者提出并广泛认同，该理论认为，个体认知风格会在"直觉—分析"维度的两极间波动。创业情境以不确定性、复杂性和动态性为主要特征，创业研究学者认为，在此情境下，创业者不具备解决当下问题的知识结构和能力从而形成了认知负荷，往往凭借先前经验，寻求信息加工捷径并依附于直觉型认知风格来快速反应（Mueller and Shepherd，2014；Chandler et al.，2005）。随着创业研究的深入和细致，学者们发现，创业情境虽然仍然具备不确定性等情境特征，但是创业环境的高度变化和创业活动的多样化使得创业者需要以多重视角去观测创业问题和创业决策，因此，其认知风格也并非一成不变，成功的创业者往往能够依据创业情境的变化以及待决策事宜在直觉型认知风格和分析型认知风格之间合理切换（Groves et al.，2011）。例如，基库尔等（Kickul et al.，2010）通过研究发现，在创业机会识别阶段，创业者的直觉认知风格有助于其机会搜寻，而分析认知风格则有助于机会评估和创业计划的制订。杨俊等（2015）也创造性地提出"创业者认知风格平衡能力"这一全新构念，重视了情境的关键诱发作用，提升了创业者认知风格使用的合理性。对于情境驱动认知风格的改变，已有研究表明，在稳定的政策层面，个体需要理性风格，而在复杂和模糊的情境下则需要直觉认知风格；在高结构化程度环境采用理性风格，在低结构化程度环境则采用直觉风格。

创业者—风险投资人的调节焦点匹配或非匹配情境下，风险投资人作为创业利益相关者，同样会形成差异化的认知风格。匹配情境下，风险人往往倾向于调动长期积累和持续努力而获得的先前经验和隐性知识，使得自身可以较为快速地提取各类认知资源和信息，进而快速构建认知图示并形成认知脚本，为直觉型认知风格提供快速决策的形成基础。同时，风险人置于匹配的一致性决策情境，更为关注投资人和创业者是否达成一致，投资方案是否与双方认同信念和规范相吻合，因此会忽视创业项目的其他因素，视风险投资决策为机会而非风险，更为专注地采用直觉型认知风格加以决策（Dayan and Elbanna，2011）。直觉型认知风格无明显的逻辑和分析过程，具有自发性、无意识和联想性，决策者往往根据仅存的已知信息对决策的内容进行推测和感知，从而形成决策的基础。投资人在接收创业者的创业信息阐释过程中，本身就不具备标准化和可操作化的决策准则，调节焦点匹配形成的直觉型认知风格驱动情境下，投资人运用其成功的先前经验和可类比的专业知识，显著提升其投资的自我效能感，对创业者构建的创业环境和创业愿景进行较为积极的评估，也善于随着创业互动过程进行创业期许的调整。在此情境下，风险投资人往往会作出投资决策并投入较大的风险投资数额。创业者—投资人调节焦点非匹配情境下，意味着创业者和投资人有着差异化的行为偏好和结果预期，此时创业者的行为表达和前景构建较难满足风险投资人的决策预期，加剧了创业项目的不确定性感知，这种差异性不但会分散投资人对于创业积极属性的关注度，而且会耗费大量认知资源以适应投资决策环境，提升创业的消极感知，形成更为关注分析与逻辑的信息加工模式，进而构建更为关注细节和数据的分析型认知风格。此类投资人倾向于通过有条理的决策方案解决问题，强调对于创业项目的准备和详细计划并对创业环境加以观察和控制。由于分析型认知风格的主观性更弱，在新创企业的成长预期上不够积极开放，而在创业者和风险投资人之间调节焦点不一致带来的对于创业项目较低的成长期许，也较难被分析式认知风格投资人改善，使得投资人投资意愿较弱，投资额度较低。

综合以上分析，提出假设：

假设2：投资人认知风格在创业者—投资人调节焦点匹配与投资决策间起中介作用。

假设2a：投资人直觉型认知风格在创业者—投资人调节焦点匹配与投资决策间起中介作用。

假设2b：投资人分析型认知风格在创业者—投资人调节焦点非匹配

与投资决策间起中介作用。

### 3.1.2.2　投资人情绪体验的中介效应

情绪体验是个体接触外部信息时的一种心理过程，是对客观事物的态度及相应行为的反馈。认知—情感个性系统理论认为，情绪体验对后续信息加工和行为倾向具有重要影响。当个体面对自我或者他人的感知状态和信息来源时，具有情绪唤醒的作用和功能。此类反应机制在无意识下即刻且自动产生，并影响个体的后续行为决策。研究也同样表明，个体情绪体验依赖于对事物的信息加工过程，并影响其对事物的反应（张梦等，2015）。创业过程中的情绪体验，是指创业个体在创业过程中所持有的一种情绪或情感，是一种高强度、即时发生并短期存在的心理状态，往往与创业过程相伴而生。创业活动以高度不确定性和不可预测性为主要特征，创业者及其利益相关者难以依靠组织惯例加以决策，无疑使其认知负担加重。在此情境下，易受到情绪体验的影响，不同的情绪反应对创业决策会产生差异性的作用，从而影响创业结果。现有研究同样证实情绪会影响创业活动的各个关键环节，例如，巴伦（Baron，2008）基于情绪视角深入探究了其对创业过程的影响，结果发现情绪通过不同的心理机制深刻影响创业机会识别、创业资源获取和创业决策等不同阶段的创业决策。现实经验数据也表明，不同创业阶段的创业决策均受到情绪的影响，创业情绪甚至被视为一种重要的创业资源，学界已对其展开相关研究。德斯泰诺等（Desteno et al.，2000）认为，积极和消极的情绪是重要的创业信息资源，情绪对未来的创业行为具有明显的预测作用，同时，悲伤和愤怒等不同的消息情绪影响其认知偏差的程度和方式也不相同。付（Foo，2011）认为，异质性情绪影响创业者风险感知和偏好，进而对创业机会的评估存在差异化的影响。现有研究往往将情绪视为一种稳定的个体特质，忽视了情绪的即时性及其对决策的重要作用。即时情绪是个体决策过程当下体验到的情绪感知，情绪信息理论也对相关观点加以论述，决策者制定风险决策的重要依据是对风险目标所发生的情绪反应（Martin and Stoner，1996）。因此，本书引入情绪体验这一概念，探究其在创业者—投资人调节焦点匹配与风险投资意愿和额度间的中介效应，从而回答风险投资决策差异的内在逻辑机制，有助于弥合创业特质研究和创业过程研究中对情绪关注的不足，推动了创业情绪的研究，以期实现对创业情绪的有效管理并实现理性创业。

认知—情感个性系统理论指出，情绪源于个体所处的特定情境对于情感通路的激活，并最终决定个体的计划、策略和行为决策（于松梅和杨丽珠，2003）。风险投资行为是创业者和风险投资人的双向互动，该互动是通过特定的语言和修辞来影响任务评价和信息反馈的过程，两者的调节焦点匹配或非匹配是启动和激活风险投资人的重要情境变量。当风险投资人和创业者的调节焦点匹配时，两者会关注一致的信息线索，即促进焦点匹配组合会关注创业理想和创业愿景，防御焦点组合强调规避创业损失和创业失败。由调节焦点匹配带来的一致效应会强化风险投资人在判断和评价创业者和创业项目的情绪体验，同时，调节匹配会强化促进焦点的获得性框架和防御焦点的规避性框架，因而在信息处理过程中使得风险投资人唤醒并体验到更为积极的情绪体验。而当风险投资人和创业者的调节焦点非匹配时，两者创业信息加工不畅使得沟通难度增加，例如，促进焦点的创业者所强调创业的超额利润和收益驱动与防御焦点的风险投资人所关注的警惕策略和消极结果难以有效对接，防御焦点的创业者所着眼的创业可能出现的失误和损失与促进焦点的风险投资人的强烈趋近策略不相融合，最终形成更为消极的情绪体验。

情绪通过不同的内在机制，会对结果变量产生差异化的作用。创业情绪既是创业信息加工所形成的结果状态，同时也是进一步创业活动的开启状态（隋雪等，2010；何良兴等，2017）。由创业者—风险投资人调节焦点匹配或非匹配驱动的积极情绪或消极情绪会带来信息提取效应的差异。积极情绪状态下，风险投资人会以积极视角对信息加以解读，倾向于提取自身曾经成功的风险投资经历，释放安全的信号，感知创业过程运转良好。同时，创业者和风险投资人互动时，情绪会作为信息加工的信号，使得投资人根据自身的情绪体验加以反馈并作出决策，积极情绪会使得投资人制定更为乐观的创业项目评估，提升风险投资人的自我效能感知并增强其对于风险投资事业和创业项目的工作投入（Fredrickson，2001）。而在积极的创业情绪的驱动下，创业者的创造力也显著提升（Isen，2000），使其能够采用多元的渠道收集信息，并为风险投资人提供更为优质的创业能力剧本和创业安排剧本（周小虎等，2014）。同时，积极的创业情绪使得投资人思维更加灵活和敏捷，对于创业环境的感知更为积极，善于将创业项目以新颖和差异化方式与现有市场加以整合，有助于其全面地看待创业项目，从而更为粗略地把握待解决的投资决策，引发其风险寻求行为，并将注意力集中于具有先动性和前瞻性的信息加工渠道，进而促进风险投资人的投资意愿并增加投资额度。与之相反，由创业者—风险投资人调节焦点非匹配驱动的消极情绪，往往会使得投资人过往的消极事件和失败投资经历被激活，影响自身与创业者的互动。消极情绪在风险投资过程中释放着危险信号，而这种消极情绪带来的压力也会传染到创业项目中，感知到创业者和创业项目的不可预测性，进而使得投资人更为谨慎和悲观，行为更加保守（Martin and Stoner，1996），倾向于将创业项目视为威胁或者挑战从而弱化投资意愿。同时，消极情绪的投资人创造力水平相对低下，此时制定决策过程中，往往进行较为谨慎的思考和较为慎重的行动，导致思维钝化，难以有效识别创业机会，并降低投资自我效能感，使其投资额度较低。

基于以上分析，提出假设：

假设 3：投资人情绪体验在创业者—投资人调节焦点匹配与投资决策间起中介作用。

假设 3a：投资人积极情绪体验在创业者—投资人调节焦点匹配与投资决策间起中介作用。

假设 3b：投资人消极情绪体验在创业者—投资人调节焦点非匹配与投资决策间起中介作用。

### 3.1.3　政策导向的调节效应

调节焦点理论认为，促进焦点和防御焦点受到内外部因素的共同影响，即：一方面为个体成长过程中逐渐形成的、较为稳定的特质调节焦点；另一方面会受到组织情境和社会文化等情境因素的影响，形成短期、即时的情境调节焦点（Higgins，1997）。研究表明，特质调节焦点与情境调节焦点共同作用，决定个体的行动与策略。当主体间调节焦点形成匹配时，个体在目标追求过程中体现的动机强度、主观评价和情绪体验呈现增强效应，进而提高个体对于任务的价值感知（Avnet and Higgins，2003）。由于中国背景下的制度和文化体系具有其独特的情境性，使得中国创业者和创业活动的利益相关者面临着与成熟经济背景截然不同的异质性创业环境，例如高资源约束困境、制度和认知合法性困境、知识产权困境、不良竞争行为以及高权力距离等（蔡莉和单标安，2013）。这些困境和问题不仅对创业者所实施的创业行为、新企业的创建、成长及战略制定产生深远的影响，同时深度刻画了风险投资人的投资决策情境。

中国作为转型经济和新兴经济体的典型代表，其发展过程经历了深远的历史变革，情境要素的分析也成为创业研究领域学者最为关注的问题之一，其中尤以对制度情境、市场情境和文化情境的讨论最多。在创业研究领域，制度研究关注的基本问题是制度如何影响创业行为，尽管相关研究增长迅猛，但仍存在着较大的进步空间（Su et al.，2017）。中国情境下的制度环境主要呈现制度不完善和稳定性不足的显著特征。新创企业在创建和运营过程中，往往面临制度真空的不利局面，体现在法律条文不成熟、知识产权保护力度薄弱以及执法不力等方面，使其难以有效规制和规范企业行为（姜翰等，2009）。同时，制度环境的动态变革也难以全面普及到各个地区，使得地方机构和行业间差异明显，机会主义等行为涌现（Nelson et al.，1998；Zhou and Poppo，2010）。而在制度环境中，政府扮演重要的角色，原因在于政府对新创企业的创立和成长所需的稀缺和战略资源具有控制权，并且通过出台相应的产业政策和行业法规来引导经济活动的开展和市场资源的配置，从而深刻影响市场结构和企业竞争格局（Hillman and Wan，2005）。市场情境主要影响新创企业的经营和竞争环境，在中国由计划经济向市场经济的关键过渡阶段，市场情境的作用愈发显现。市场竞争是中国情境下较为突出的因素，由于市场经济的深化，民营企业和外资企业逐步抢占市场份额，国有企业和非国有企业共存共生导致市场竞争加剧，不良竞争行为显著增加（Li et al.，2005）。与之相适应的是快速变化的市场需求和不平衡的供需现状，特别在劳动力市场和资本市场不完善的阶段，市场要素不健全、市场需求高速变革且难以预测（Li et al.，2008）。同时，技术的强波动性也是中国市场环境的关键特征。中国企业的基础研发和技术能力薄弱，不得不吸收引进国际技术，并受到国际技术浪潮的深远影响，为创业者和新创企业的建立和发展带来了机遇和挑战。中国背景下文化情境受到学者的普遍关注并易于理解，主要分析文化的内涵及其与西方情境下概念的差异，以及中国企业如何利用文化因素加以管理并获得竞争优势。文化的核心是社会的传统价值观和信念的总和（Tsui et al.，2007），国内外关注的文化概念的内涵包括个体与集体主义、男性与女性主义、长期与短期导向和权力距离等。与之相对应的是中国独特文化内涵，表现为集体主义、高权力距离、风险规避和关系利用等方面（Zhang and Wong，2008；Lau et al.，2010）。集体主义强调个体为集体带来的影响和社会化目标，差异于西方文化中的个体主义，更为关注结果共担和福利共享（Lau et al.，2010；Li and Zhang，2007）。高权力距离反映了个体对于权力不平衡性的接受程度相对较高，即中国独特的差序格局使得个体更容易接受纵向权力等级和领导权威，同时为社会关系的稳定格局奠定夯实基础（Lau et al.，2010）。风险规避也是中国文化中重要的方面，其保守的规避特质促使其创新和引入新知识新技术的意愿更低，与西方管理者之间具有明显的文化冲突（Lau et al.，2010）。关系利用是中国文化中关注的重点，也与企业的经营活动具有密不可分的联系，导致中国社会将关系的利用看作文化和社会的核心要素以及企业生存发展的根源所在（Tsui and Farh，1997）。

新创企业在创建过程中面临着突出的资源约束困境，一方面体现政府控制着创业所需要的关键战略和稀缺资源，例如资金、土地和银行贷款等（Park and Luo，2010），使得资源获得难以保障，投资规模相对较小；另一方面受到合法性不足和自身知识和技能的局限（Li et al.，2008；Zhao et al.，2011），新创企业又难以直接通过市场获得资源，从而导致大量新创企业错过机会窗口，难以实现其价值升值和预期收益。此时，创业者只有依靠资源整合能力，对所需资源加以获取和利用，从而保证企业实施创业发展战略，以实现其迅速获得竞争优势的目的。风险投资是资源获取的重要利益相关者并在新创企业创建过程中起到了重要的作用，因此，中国的风险投资过程也必然受到中国情境的深度刻画和影响。由于中国市场环境尚处于建设完善中，受到计划经济影响深远，创业者和风险投资市场意识正在逐渐形成。风险投资决策过程因投资人和创业者异质性以及创业项目的复杂性等因素的影响，其自身已然存在诸多不确定性，加之市场需求快速变化、市场技术高速波动和市场竞争的不良秩序等，使得市场环境难以有效捕捉。新创企业的风险投资行为相较于成熟企业风险更高，其内在机理中已然包含了市场环境产生的不确定性影响。因此，市场环境对风险投资产生的影响难以在创业者和风险投资人互动的决策过程中得以体现，本书重点观测制度环境和文化环境对于风险投资决策过程的作用，这也在一定程度上呼应了 GEM 创业框架中对于创业融资、政府政策和社会文化规范的支柱作用。

新制度经济学派的创始人诺斯教授（North，1991）认为，制度是宏观层面重要的社会环境要素，由政治、法律、条文和社会等基本单元和规则构成，从而达到塑造个体社会行为的目的。新制度理论学者普遍认为，制度由正式制度和非正式制度两种类型组成，是社会"游戏规则"的构成要素（杨俊和牛梦茜，2019）。制度既通过法律条文、金融体系和明文规定等直接为社会各类经济活动和行为主体创造市场机会并约束行为，同时通过文化理念和社会规范影响社会的价值主张和行为取向。其中，以书面形式并被正式加以规定和实施的条文制度构成了国家和社会的正式制度（North，1991；Baumol，1996），而未被有意设计却仍被社会大众所遵从和沿袭的风俗、理念、传统和规范等共享的价值观体系和行为准则构成了非正式制度（Knight，1992）。制度理论的内涵强调规范期望和社会共享，并认为两者对组织决策和行为产生深远影响。由制度所形成的外部压力和组织学习使得组织表现出趋同性，也就是回答了"组织为何相似并体现出共性"这一深层次问题，这也为制度理论和创业研究提供了理论整合点（DiMaggio and Powell，1983；Meyer and Roman，1977）。

　　毋庸置疑，制度必然会影响创业行为和结果，而且这种影响是长期性的，尤其对于新创企业这种缺乏内部劳动力等要素市场且对制度强依赖的经营单元，因此，创业决策是个体对于创业是否正确的判断，具有明显制度环境驱动的时空和群体特征，其价值行为的激励取决于制度质量（贺小刚等，2019）。在明确制度对于新创企业重要性的基础上，制度研究更为重要的是回答，制度可能会影响到创业决策的哪些行为或特征，我们更感兴趣的是揭示制度影响创业的复杂作用机制（Hitt et al.，2018）。制度本质上是人为设计的行动逻辑和行为准则，基于新进入劣势的事实，新创企业与在位公司和成熟公司相比较，更容易受到制度的影响，这是基本事实。进一步地，基于中国当前制度的多元性和复杂性，解释制度如何影响创业决策的过程机制有助于我们更加理性透彻地理解和认识与创业相关的制度和政策。只有弄清楚制度如何影响创业的跨层次机制，才有助于解释和预测宏观层面的制度因素会给创业活动带来什么样的影响，揭示并了解为何在相似制度情境下微观层次创业行为仍然存在差异的事实。然而制度研究有一个重要的前提假设，即制度作用的主体均为同质化个体（DiMaggio and Powell，1983），但是该假设忽视了决策主体的异质性和能动性，因此，制度理论应该关注制度影响下的个体微观特质差异。为此，制度理论的代表学者鲍威尔等（Powell et al.，2017）呼吁探索制度研究的微观基础，打开制度作用机制的"黑箱"。同时，目前尚缺乏对于制度影响个体更为微观创业决策和行为的的研究。制度环境下，决策个体并非无能为力，相反个体会有意识解构、适应甚至改变环境（Schilke，2018），这一观点为创业和制度研究的进一步融合提供新的理论整合视角（李加鹏等，2020）。宏观层面的制度通过一定的作用机制来塑造微观创业逻辑，风险投资人等制度场域内的重要行动者会对所在制度和情境进行加工，这些加工过程很可能会因投资者等身份和类型不同而存在差异（Shepherd，2011），这一差异会产生和塑造基于不同制度逻辑的制度扩散（杨俊和牛梦茜，2019）。因此，本书观测制度情境作用于创业者—风险投资人调节焦点匹配和投资决策间的调节效应，以期结合中国情境深化对于制度和创业相关研究的认识水平。

国家的正式制度会影响创业过程和行为，尤其处于转型经济社会背景下，新的技术、产品和商业模式不断涌现，旧经济制度落后消失并退出历史舞台，新经济制度逐渐出现并获得稳定发展。新旧制度之间的碰撞与演化使得政策环境和措施复杂交织，新创企业缺乏长期稳定的正式制度支持。同时，我国税法等法律体系建设存在明显的制度真空，企业因而面临着更为明显的不确定性。而政府作为新创企业战略资源和稀缺资源的垄断者和正式制度的决策者，对于新创企业的建立和成长起着制度的配置权和主导权，其驱动的行动逻辑是转型经济和新兴经济体市场运作的基础和准则。另外，正式制度的发展会受到非正式制度的影响，非正式制度也是对正式制度的有力补充，甚至发挥更大的作用，尤其是社会文化制度的影响，其所带来的是更为广泛行为的塑造（Holmes et al.，2013）。同时，文化可以以非强有力的约束机制提供关键资源，创业者也利用文化制度动员创业资源以构建最佳创业模式并制定创业战略（Zhao et al.，2017；Zhao et al.，2018；Lounsbury and Glynn，2019）。单一制度能够对创业行为产生影响，但是多重制度的组合效应和交互效应会产生更为复杂和显著的影响力。已有研究表明，正式制度和非正式制度都可能直接或间接地影响个体的创业行为（Terjesen et al.，2016），制度逻辑还会影响创业资源提供者的投资战略和偏好。但是鲜有讨论其中的微观机制和复杂机理，使得理论界和实践界难以剥离宏观层面的制度因素如何间接影响微观创业行为的扩散逻辑。鉴于政府是正式制度的重要驱动者，在政府正式制度的驱动下，会自然形成政治关系的补充和替代作用。因此，本书重点考虑政策导向在风险投资决策中的重要作用。挖掘中国独特制度情境下，风险投资人青睐什么样的创业项目以及为什么投资等问题。

"情境—行为—结果"是创业研究的重要理论逻辑，从某种角度而言，对于情境的把握会直接影响创业者和风险投资人等利益相关者的行动逻辑从而产生差异化结果（杨俊和牛梦茜，2019）。中国情境具有其独特性，政策导向对于新创企业和创业项目的推动作用贯穿于创业全过程，在新创企业发展初期，需要依赖稳定且持续的资金支持，除了风险投资的有效注入之外，所在地区的政府在资金实力和抵抗不确定风险等方面具有天然且独特的优势。政府参与新创企业投资不仅可以分担企业和风险投资合作的缺口，直接为新创企业增添活力和竞争力，同时间接形成了群体效应和扩散效益，吸引更多的风险资本参与其中，赋予新创企业活力。政策导向的有机注入对于新创企业和创业项目机会识别也会带来益处，如果新创企业和创业项目体现为地方政府政策支持项目，即预示该新创企业易于与政府建立联系和信任，能够帮助新创企业较为稳定地运营和推广，同时易于捕捉政治和经济政策，甚至通过自身的创业行为来弥补政府缺口，抓住创业时间窗口，为政府提供相应的创业服务，实现政府企业的互利共生。同时，政府与新创企业所形成的战略联盟和生态系统会增强地区经济增长内生动力，促进地区创新创业能力，拉动发展质量和投资效益，尤其是面对新创企业经营困难和风险投资增势疲弱的经济下行压力期，政府切实转变职能，稳步提升地区营商环境，为新创企业发展的稳步推进提供夯实基础。在新创企业研发获得阶段性成果时期，政策导向依然能为创业项目保驾护航，此时则体现出知识产权保护的关键作用。知识产权保护的加强为风险投资者提供重要的信号传导机制，即新创企业的知识产权对于企业而言的所有权属性得以保证，风险投资的回报得以保障，在一定程度上提升了风险投资者对于新创企业和创业项目的投资积极性。正是由于新创企业的创业项目能够在政府引导投资、创业机会识别、营商环境构建和知识产权保护等多方面从政策导向中获益，无论是与创业者调节焦点匹配或者非匹配的风险投资人，都能明确感知情境的重要作用。风险投资过程放置于政策导向情境下，创业过程中的有利信息呈现放大效应，风险投资人将处于获得性框架中，促使其形成乐观自信的投资自我效能感，弱化了创业不确定性可能带来的损失和消极结果。同时，对于创业环境和创业行为的解读更为积极，其风险倾向也随之显著提高，进而增强投资意愿和投资额度。

基于以上分析，提出假设：

假设4：政策导向在创业者—投资人调节焦点匹配与投资人投资决策之间起正向调节作用。

### 3.1.4  预期落差与创业者融资意愿

新创企业能否生存并成长，主要取决于它们能否获得创业所需资源，尤其是资金资源的获得以及可持续性。而风险投资作为新创企业应对外部环境动态性和不确定性的重要手段，引起了学术界和实践界的广泛关注。已有文献对风险投资与新创企业的决策过程进行了剖析和探讨，并积累了一定的有益成果。投资决策阶段，学者回答的核心研究问题为"风险投资人和风险投资机构挑选被投企业的标准是什么？"，研究主要聚焦于创业者和风险投资人特征等视角，对其影响风险投资决策的因素加以探讨。然而风险投资是一个创业者作为重要互动主体且具有能动作用的动态过程，创业者是否愿意接受融资是风险投资过程的关键环节，也决定着新创企业的发展。

风险投资过程中，创业者以路演形式向风险投资人展示创业项目。由于创业者将创业项目和新创企业视为自己生命的重要部分，甚至认为是生命的延续，使得创业者对创业项目和新创企业产生了强烈的情感依恋（吕斐斐等，2015）。因此，创业者往往将创业项目视为自身禀赋且认为其具有高禀赋效应，当与风险投资人置换创业项目时所感知的失去感愈发强烈时，对创业项目的估值也就明显提升。从微观基础来看，心理学和认知科学都为禀赋效应提供了解释。例如，所有权理论为禀赋效应这一观点提供了鲜明的证据，该理论认为个体在与自身的事物建立明确的联系，所拥有事物会成为个体的延伸，内隐的自我价值会转移到所拥有的物品上。因此，受到创业者自我判断的认知偏差，往往将对自身的评价加之于创业项目，并对其赋予更高的价值，产生禀赋效应。策略性歪曲视角也发现，被试在交易或者谈判过程中，会自然而然地采取"卖价高买价低"的现象。信息加工有偏过程则认为，市场中承担不同角色的主体，会引发差异化的框架信息，市场双方搜寻、关注和强调的信息不一致，也导致了禀赋效应的存在。基于以上理论和视角可知，风险投资人同样将自身所拥有的财富和资金作为自身禀赋，也存在着强烈的禀赋效应。由此，创业者对将要置换的创业项目更为关注，而风险投资人关注他们潜在的资金支出。为了获得更多利益或避免更多损失，风险投资人会降低创业项目的估值，以实现最终低于创业者预期的风险投资额度。此时，基于前景理论中的价值函数曲线，损失区域的价值函数为凸函数，且曲线斜率远大于收益区域曲线，即损失带来的痛苦远大于等量收益带来的快乐。创业者融资作为一种蕴含高度风险性的决策行为，对于新创企业的生存和发展起着重要的作用。依据参考点效应，参考点提供了决策判断的基准，对决策个体的心理认知和行动选择起到了重要的影响作用。创业者决定是否接受风险投资并非只是简单地将利润最大化作为决策的最终目标，而是在决策过程中选择了心理上的参考点作为依据，这一参考点即为预期的投资额度。也就是说，创业者会以最终的投资额度与预期的投资额度之间的差距来决定是否融资，有限理性的创业者会将低于预期的风险投资额度界定为风险投资的损失情境，为实现损失规避，创业者会展现出追求风险的倾向，拒绝该笔投资转而寻求其他风险投资人的赏识和青睐。这也源于损失情境刺激到了创业者包含的过度自信情绪，使其作出寻求其他解决创业资金不足的决策。已有研究表明，禀赋效应还会促使决策者对消极信息的乐观响应和偏向转移。对于强禀赋效应的创业者而言，强烈的创业情感会使得创业者在信息接收过程中更多地偏向关注创业项目的盈利模式和积极特征，弱化风险投资人提及的可能存在的不确定风险，从而形成积极的风险投资决策框架。在此框架效应的影响下，创业者认为自身具有足够的获得预期风险投资的能力，即使风险投资人提出了创业项目的缺陷甚至是致命点，创业者仍然坚信自己具有解决问题和获得风险投资的能力，进而拒绝该笔投资。

基于以上分析，提出假设：

假设 5：风险投资预期落差越大，创业者融资意愿越低。

### 3.1.5 创业者调节焦点的调节效应

创业者是否融资将受到风险投资人投资额度的制约，前景理论的基本观点是当实际的风险投资额度低于预期的风险投资额度，创业者则处于损失情境，通过拒绝该笔投资转向他处的冒险方式解决现状。虽然研究提出了预期落差这一驱动创业者融资的重要前置因素，但是投资实践过程中，面对预期落差情境，仍然存在部分创业者接受风险投资而部分创业者拒绝风险投资的差异化决策。究其原因，在于研究忽视了创业者在风险投资过程中的主体地位和能动作用，没有正面回应融资和拒资决策为何发生，其决策的内在动机是什么。可喜的是，希金斯提出的针对行为动机研究的调节焦点理论能够有效应对这一不足。风险投资过程中融资和拒资行为的独特性来自该过程的情境特殊性所诱发的独特认知和思维，而调节焦点理论解释了动机是如何影响认知思维以及通过何种方式和路径加以实现，其中隐含着个体动机与情境互动进而作出决策的内在逻辑。因此，调节焦点理论实际上解决了风险投资决策的内隐性问题，即以动机为关注点来探究融资决策的途径及结果，从而将决策过程"显性化"。

动机是构成人类大部分行为的基础（蔡杨等，2019），也被认为是预测行为的最好指标之一。风险投资过程是高风险和不确定性兼具的复杂动态过程，创业者融资对于新创企业的生存和发展更是如此。新创企业的创业活动具有高度资源约束性和无先例可循性，这就使得创业者在决策过程中的作用得以凸显。基于调节焦点理论可以发掘在创业决策过程中，由创业者调节焦点驱动风险投融资决策的形成机制，强调以创业者思维为核心的决策逻辑。调节焦点理论认为，个体具有两套不同的自我调节系统，即促进焦点和防御焦点，促进焦点个体表现出进取动机导向，努力实现理想和愿望，注重个人发展和自我实现。防御焦点个体则表现出规避动机导向，在处理事情时避免出现错误和失败，注重履行个人责任和义务。创业者的调节焦点决定其行为决策动机，最终会影响融资决策。

本书认为，促进焦点创业者在预期落差的情境下，其形成的乐观情绪使得创业者在决策过程中形成高水平的风险倾向，并且会因为追求风险获得的成功而感到快乐。此类创业者追求实现和速度，强调快速行动而非等待追随，依赖改变来开辟创新领域、解决现有困境以及寻求备选方案。为占有市场份额并实现行业领先，促进焦点的创业者会索取较高额度的风险投资以求将新产品迅速且大量地推向市场，投入较高水平的创业资金用以新创企业发展。由促进焦点驱动的高风险倾向创业者善于拥抱不确定性，并建立一种创业韧性机制，构建无视错误和失败的试错机制，实现新创企业在探索中收益从而茁壮成长和壮大。因此，促进焦点创业者更善于激发创造性思维，倾向于求异和冒险的信息加工方式和认知风格，通过调动其先前经验中的记忆图示、经验学习和认知适应性等路径，构建并形成改变现状的认知和注意力搜寻模式，从而拒绝风险投资并仍然以较高的预期额度寻求下一笔风险投资。

防御焦点的创业者关注责任和义务，更强调企业能否实现基本生存，因而在决策过程中注重底线和准确。此类创业者受其防御焦点影响具有低水平的风险倾向，对于新创企业的可持续发展更为看重，通过总结领跑企业的经验做法实现企业稳步发展。因此，他们将注意力配置到创业威胁上，避免在高风险投资环境下直面冲突和挑战，选择利用型创业战略以降低风险保持企业稳步发展。防御焦点所驱动的回避策略也会使其设置较为保守的创业战略和预期投资额度，相对谨慎地索取和投入创业资源，学习和借鉴标杆企业的经验以增强自身竞争优势。防御焦点的创业者往往试图通过低强度小幅度的产品迭代，经由市场反馈转而确定后续战略投入。因此，面对实际投资额度低于预期投资额度的情况，防御焦点创业者体现明显的危机意识，力求避免不确定性消极面的严重伤害，从而具备一定程度的反脆弱性，以接受低额度的创业投资获得新创企业的生存和相对稳定的盈利。综合而言，面对投资数额所形成的预期落差，促进焦点的创业者因其较高的风险倾向而拒绝低额度的风险投资，防御焦点的创业者则为规避风险接受低额度的风险投资。

基于以上分析，提出假设：

假设6：创业者调节焦点在预期落差与创业者融资意愿间起调节作用，相比于促进调节焦点创业者，防御调节焦点创业者在预期落差情境下融资意愿更强。

## 3.1.6　投资人声誉的调节效应

创业者融资意愿是新创企业生存与发展的关键决策，受到诸多制约因素的影响。本书在关注创业者调节焦点这一决策主体动机因素的同时，还将风险投资人声誉纳入融资决策模型，使得研究不仅从风险投资期望视角分析创业者融资意愿的动机问题，又从风险投资人视角分析其影响创业者融资的关键作用，切实关注了创业者和投资人的双边机制。研究关注创业者融资决策过程中风险投资人的关键作用，试图挖掘投资人声誉对创业者融资意愿产生的影响，提出创业者面对前景理论中损失规避现象的潜在补偿机制，有利于更好地完善和构建前景理论的前提假设和影响机制的边界作用。

新创企业在初创期和创业项目早期阶段，面临着资源禀赋不足、高度不确定性和合法性缺失等限制性约束条件，使其具有缺乏可靠性和可信度等一系列新进入缺陷。而风险投资作为创业进程的助推器，筛选并对新创企业投资，同时还向创业企业提供管理和咨询等服务，帮助其实现价值增值的良性循环，最终成功上市或被收购，实现资本顺利退出（何顶和罗炜，2019）。创业者深知风险投资对于自身新创企业成长的关键作用，但是在预期落差的损失情境下，如何通过损失补偿机制来实现企业的收益，就成为创业者需要考虑的重要指标。风险投资具有竞争强度高、市场集中化程度低和信息不透明的行业特征，声誉就凸显其独特价值。声誉是描述成员间表现和价值差异感知的经济学概念，对建立信任关系、实现外部资源获取和克服合法性障碍具有全方位的作用（谈毅和徐妍，2017）。在非完全合约和信息不对称的风险投资情境下，声誉往往被认为是保障合作关系顺畅进行的重要机制（Klein and Leffler，1981；Kreps and Wilson，1982）。作为风险投资人和风险投资机构的重要无形资产，声誉的形成基于风险投资团队的成功经验、管理能力和投资业绩等方面，能够有效缓解与创业者之间的信息不对称弊端，对于新创企业的发展尤为关键。

本书认为，在创业企业选择风险投资时，倾向于选择高声誉投资人。原因在于，新创企业资金缺乏和合法性约束明显，尤其在缺乏财务和绩效记录的创业早期阶段尤其严重，对市场的不熟悉和对业绩的不确定使其难以有效向市场传递积极信号（Hsu，2004；Shu et al.，2011）。风险投资的参与不仅为企业弱化信息不对称效应，同时为创业企业缓解财务压力。尤其高声誉的风险投资机构还会向市场和其他利益相关主体传递创业项目和新创企业的良好发展信号，背书功能显著，有助于其在早期困顿阶段打开局面，获得优秀的其他投资人、专业管理人员和供应商等合作者支持，从而抢占有利的市场资源，优化企业治理结构并拓展主营业务。同时，高声誉的风险投资在投资行业具有较高知名度，其背后所对接的人力资本、市场资源和信息渠道优势明显，能够为新创企业提供更为优秀的管理和辅助功能。风险投资的资金资本和新创企业的智力资本协同演化，可以提升新创企业的生产效率，使其顺利实现业务扩张和增长，实现进入资本市场的目标。另外，风险投资在创业项目投资过程中可能由于逐利驱动而实施机会主义行为，与被投企业之间形成对立局面，最终影响新创企业的成长。高声誉风险投资所面临的声誉损失成本更高且市场惩戒力度更大，因此，高声誉投资者更专注于服务新创企业而避免参与机会主义行为，通过帮助企业成长从而满足自身长远利益的实现。

基于以上分析，提出假设：

假设7：投资人声誉在预期落差与创业者融资意愿间起调节作用，相比于低声誉投资人，创业者在预期落差且高声誉投资人情境下融资意愿更强。

## 3.1.7　多元主体投资的调节效应

企业被视为一组资源与能力的集合体，资源体现出价值性、稀缺性且难以模仿等特征（Barney，1991）。资源基础理论也认为，企业具有异质性的有形和无形资源，这些资源转化为独特的能力，成为企业获得生存并保持长久竞争优势的关键因素（韩炜等，2013）。布鲁什等（Brush et al.，2001）根据企业所需资源的实用性和复杂性，提出了价值创造的金字塔模式并用以诠释资源有效开发的路径和价值创造的通路。根据"资源束"的构成和分类，企业资源主要包括财务资源、物质资源、组织资源、技术资源、人力资源和创新资源等不同的资源形式（Grant，1999）。与成熟企业不同，新创企业的建立更为强调创业过程中的资源获取和开发，同时由于初始状态下的资源约束情境，创业企业并不能兼具完备的资源类型。其中，财务资源是最为重要的资源形式，只有资金资源的获取才能将创业行动中各个阶段所需要的资源加以整合，并为新创企业的快速行动夯实基础。只有企业抓住机会窗口并以机会的时效性为依据对创业机会加以利用，才能精准把握创业市场，释放创业价值，避免被竞争者模仿和抄袭，最终实现新创企业的生存和发展（朱晓红等，2014）。虽然学术界和实践界都证实财务资源是非常重要的资金形式，但是财务资源很容易发生转移和替代，只能解决短期的企业困境，难以成为促使新创企业发展的核心资源。

新创企业通过风险投资等渠道获得财务资源，在一定程度上说明该新创企业具有较为光明的盈利前景，同时也说明其受到了风险投资人的关注。而现有的投资实践中，对于具有前景的企业和朝阳产业，多元主体投资已逐渐成为投资的主流形式。对于风险投资人来说，多元主体投资可以减弱由于企业内外部的不确定性以及信息不确定性所产生的系统性及非系统性风险，使得单一风险投资人和风险投资个体可以提升风险的稳定性并保护自身利益（Wright and Lockett，2010；周伶等，2014）。

　　对于新创企业而言，接受多元主体投资意味着更为强大的优势。随着数字经济和知识经济时代的到来，新创企业所需要的财务资源已然超越了资金本身，真正需要的是财务资源背后的附加价值以及资本红利。由于新创企业的天生劣势，其受到新进入缺陷的困扰，因此，如何打开困局成为新创企业关注的关键核心问题。风险投资，尤其是多元主体投资则体现出独有的优势，其不仅为新创企业带来了财务资金，同时也对新创企业投入了人力资本和关系资源，两者对于新创企业尤为重要。人力资本是知识的载体，知识则需要在人力资本上展现，关系资源更是学习和拓展知识的重要渠道。新创企业必须通过财务资源、人力资源和关系资源等有形和无形的资源形式与其他企业和利益相关者交换和共享知识，才能为新创企业提供源源不断的可持续竞争优势。多元主体投资可以为新创企业提供创业基础知识、管理经验和战略人力资源等方面的服务，且多主体服务具有异质性，有助于新创企业更好更全面地搜寻企业所需的知识，并迭代式或颠覆式地将其运用于企业的业务单元中，以实现更好地挖掘企业潜力并更好地适应企业发展。而多元主体投资在关系资源上的优势更为明显，新创企业由于其不确定性，难以通过利益互换和共享实现关系的有效对接，使得企业难以获得关键资源和稀缺资源。而多元主体投资因特殊的网络机制而与政府、供应商、竞争企业以及科研机构等主体实现良性互动。只有与新创企业相关群体密切联系，才能实现资源的有效传送和整合，使得有形和无形的资源在新创企业间获得共享，以克服新创企业的劣势和弱项，全面提升由关系资源缺失而带来的效率低下（Ahuja，2000）。因此，无论是风险投资人还是新创企业，多元主体投资相比于单一投资主体，都有其更为明显的优势。然而新创企业面临着不确定的外部市场环境和内部经营环境，因此，其有限的资源需要与不同的利益相关者之间进行消耗，而多元主体投资的存在可能更进一步地使得新创企业面对资源消耗的窘境。因此，新创企业应该将投资主体数量控制在预期范围，他们需要做的并非一味地吸纳和占有资源，而是应该通过与高质量且可控数量的投资群体进行互动和发展。另外，兼具较多数量的投资会使得创业者在新创企业中的股权得到稀释并明显下降，甚至会使其失去企业的总体控制权，最终使得新创企业旁落他人，难以有效管理，最终丧失新创企业的核心竞争优势。因此，创业者在面对风险投资时，需要考虑并积极吸纳能够为自身提供财务资金、人力资本和关系资源的投资主体，但是创业者为避免资源的进一步损耗以及控制权的旁落，也不会过度吸纳投资数量，以求得资源的高效利用和新创企业的生存发展。

基于以上分析，提出假设：

假设 8：多元主体投资在预期落差与创业者融资意愿间起调节作用，相比于多元主体投资，创业者在预期落差且无多元主体投资的情境下融资意愿更强。

## 3.2　理论模型设计

### 3.2.1　模型构建

基于调节焦点理论、认知—情感个性系统理论和前景理论，本书通过逻辑推导和理论推演，构建了一个由投资人投资决策和创业者融资决策组成的闭环决策机制，具体探索创业者—投资人调节焦点匹配的动机驱动情境对投资人投资意愿和投资数额的影响效应，讨论认知系统和情感系统在其中起到的关键作用以及中国独特制度环境的调节效应。在投资人投资决策的基础上，进而形成创业者必须面对的预期落差情境，以及该情境对创业者融资意愿的影响，并讨论创业者调节焦点、投资人声誉以及多元主体投资的边界作用，以期最真实精准地还原创业者和投资人双边互动下的风险投资决策过程。综合以上分析，得到本书的研究模型，如图 3.1 所示。

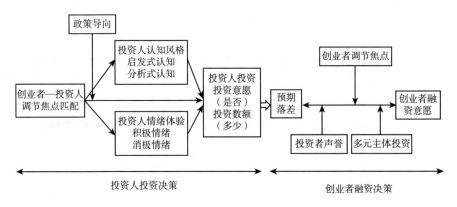

**图 3.1  本书的理论模型**

## 3.2.2  研究问题汇总

围绕本书所提出的研究问题和变量之间的逻辑关系，本章提出 8 组共计 14 个理论假设，如表 3.1 所示，其中投资人投资决策机制涉及假设 1~假设 4 共计 10 个假设，创业者融资意愿机制涉及假设 5~假设 8 共计 4 个假设。后面将通过情景实验法和问卷调查法对所提假设进行检验，并对研究问题予以回答。

表 3.1                                  研究假设汇总

| 假设 | 假设内容 |
| --- | --- |
| 假设 1 | 相比于调节焦点非匹配，创业者—投资人调节焦点匹配对投资人风险投资决策具有显著正向影响 |
| 假设 1a | 相比于调节焦点非匹配，创业者—投资人调节焦点匹配对投资人风险投资意愿具有显著正向影响 |
| 假设 1b | 相比于调节焦点非匹配，创业者—投资人调节焦点匹配对投资人风险投资额度具有显著正向影响 |

续表

| 假设 | 假设内容 |
|------|---------|
| 假设 2 | 投资人认知风格在创业者—投资人调节焦点匹配与投资决策间起中介作用 |
| 假设 2a | 投资人直觉型认知风格在创业者—投资人调节焦点匹配与投资决策间起中介作用 |
| 假设 2b | 投资人分析型认知风格在创业者—投资人调节焦点非匹配与投资决策间起中介作用 |
| 假设 3 | 投资人情绪体验在创业者—投资人调节焦点匹配与投资决策间起中介作用 |
| 假设 3a | 投资人积极的情绪体验在创业者—投资人调节焦点匹配与投资决策间起中介作用 |
| 假设 3b | 投资人消极的情绪体验在创业者—投资人调节焦点非匹配与投资决策间起中介作用 |
| 假设 4 | 政策导向在创业者—投资人调节焦点匹配与投资人投资决策之间起正向调节作用 |
| 假设 5 | 风险投资预期落差越大，创业者融资意愿越低 |
| 假设 6 | 创业者调节焦点在预期落差与创业者融资意愿间起调节作用，相比于促进调节焦点创业者，防御调节焦点创业者在预期落差情境下融资意愿更强 |
| 假设 7 | 投资者声誉在预期落差与创业者融资意愿间起调节作用，相比于低声誉投资人，创业者在预期落差且高声誉投资人情境下融资意愿更强 |
| 假设 8 | 多元主体投资在预期落差与创业者融资意愿间起调节作用，相比于有多元主体投资，创业者在预期落差且无多元主体投资的情境下融资意愿更强 |

# 第 4 章

## 研究设计与方法

　　社会科学研究结论的科学性和严谨性依赖于规范的研究设计和研究方法，本章前面的假设推导和基础理论，选择合适且适配的研究设计与研究方法，包括定量研究法、情景实验法和问卷调查法，并说明研究样本的选择和操纵方式，目的在于保证实证检验的有效性，为得出科学的研究结论提供坚实的基础。

## 4.1　研究设计的路径选择

　　选择合适的研究设计路径是科学研究的核心环节和重要任务，在明确研究问题的基本立场后，需要制定与之适配的研究设计与研究方法，以期指导数据的收集和结果的分析。学者将研究设计分为定量研究、定性研究和混合研究三个类别。定量研究一般基于理论出发，其哲学假设为后实证主义知识观，采取测量和实验的研究策略对封闭式问题进行实证检验，其中，研究者需要关注研究的基础理论、研究的可操作化变量以及信度效度的保证等。定性研究则是基于建构主义并采用扎根理论、案例研究和民族志等归纳式的研究方法讨论更开放的问题，研究者更应该明确的是如何确立研究者在研究中的立场和定位，如何收集参与者的信息并设置相应议程与参与者合作。混合研究则介于定量研究与定性研究中间，对两者加以整合，其哲学假设是实用主义价值观，采用顺序法、并行法和转换法等研究策略，所研究的问题更为复杂，如兼具开放和封闭式的研究问题或兼具定量—定性的数量分析问题，研究者需要收集定性和定量数据，并整合研究中的不同资料以丰富理论依据。

本书依据研究问题和基础理论，主要采用定量研究方法，其适配性原因体现在：第一，本书中创业者—投资人调节焦点匹配、认知系统、情感系统、投资决策以及融资决策等核心变量均为认知和心理层面变量，难以被直接观测，但是可以通过量表和实验等技术加以测量。第二，基于调节焦点理论、认知—情感个性系统理论和前景理论等成熟理论，本书采用理论与变量之间演绎的方式更适合研究情境，也更能对概念化的变量之间关系进行明确和检验。

## 4.2　研究方法

### 4.2.1　情景实验法

实验法作为社会科学研究的重要手段和方法，对于管理研究的发展具有十分深远的影响，美国著名社会学家索罗金（Sorokin）强调，只有通过实验，才能对人类行为和社会发展的现象作出解释和预测，其他方法难以实现该目的。早期的管理研究就意识到实验法的优势并将其运用于解决和研究管理类问题，"科学管理之父"泰勒运用"铁锹实验"总结了提高工作流程和效率的手段，"人际理论"学者梅奥通过"霍桑实验"颠覆了经济人假设并提出了社会人假设。实验法是在控制外生变量的基础上，通过操纵自变量或者设置调节变量的异质化情境，比较实验组别和控制组别的结论差异来获得研究结论的研究方法（Charles et al. , 2002；陈晓萍，

2017）。具体来说，实验法发端于心理学，并较为成熟地在心理学和经济学领域加以应用，从而形成了体系完善的实验心理学和实验经济学分支。相比之下，实验法在管理学领域的应用仍呈现碎片化状态，但是其发展趋势十分迅猛。结合管理学领域，实验法更为具体地被认为是，在可操控的实验情境下，针对某一确定的管理问题或现象，研究被观察对象的行为差异和变化规律，对现有理论加以检验、挑战和完善，并为管理者提出相应的决策依据（何斌等，2010）。

　　实验法为管理学尤其是创业领域的部分研究主题提供了更为有效且成本更为可控的研究范式。基于变量准确角度，由于创业研究是创业者个人意愿的集中表达，因此，通过调查问卷或者访谈的形式，会导致较为明显的回忆偏差和幸存者偏误等（Kraus et al.，2016），例如，创业失败会给创业者带来巨大的物质和非物质创伤，使得创业者对相关回忆加以规避或掩饰（Shepherd and Cardon，2010；于晓宇和蔡莉，2013）。而实验法则可以通过有效模拟创业失败情境，对此类问题予以缓解。基于变量测量角度，创业研究发展历史较短，部分变量尚未形成有效的量表加以测量，实验法可以通过设计实验情境对问卷调查难以测量的问题加以研究。另外，实验法所测量的自变量和因变量所选取的样本可以有效避免共同方法偏差带来的测量偏误。基于变量关系角度，实验法抽离了自变量与因变量之间的逻辑关系，可以有效避免社会情境、行业竞争等外在因素，以及创业成功与失败经历、自我效能感等内在因素造成的创业研究中可能存在的环境和个体特征等混杂因素的实验干扰，最大程度避免内部效度威胁并保证结论的有效性，使得研究获得更为精准的变量间因果关系（Hsu et al.，2016；Williams et al.，2019）。基于研究成本角度，创业研究具有被试数量少和研究成本高的典型特征，尽管现有研究可以对创业者进行一手问卷测量，但是测量成本巨大。实验法通过设计精准的创业实验并模拟真实的创业情境，使得研究变量能够在创业实验中得以凸显，并有效控制外生变量，因此，研究具有更高的内部效度和更为稳健的因果关系（叶文平等，2018）。

　　创业研究学者逐渐意识到实验法对于创业研究的重要作用，创业研究

领域的权威期刊 *Journal of Business Venturing* 于 2019 年推出专刊"采用实验法提升创业研究",也在一定程度上说明实验法在创业理论研究中的巨大发展潜力。于晓宇等(2019)对 1993～2018 年跨度 26 年的创业文献进行了系统梳理和综述,结果表明,实验研究方法于 2011 年之前发表数量相对较少且较为稳定,该年后则呈现明显波动上升趋势,2015 年之后更是呈现爆发式增长态势,2015～2018 年发表的文献数量占据文献总数的 52.3%,其背后的主要原因是实验法的独特优势逐渐被学者重视,同时,多个权威期刊都呼吁采用实验法更好地理解创业问题,更为严谨地验证创业研究中变量的相关关系。实验法在创业领域的研究也呈现出较为广泛的主题,涉及创业者和创业团队、创业机会、风险投资、创业决策、创业教育、创业者性别差异、创业失败和农村创业等,其中,创业者、创业机会和风险投资三个细分领域是所列文献的主要主题,共占 67.69%。而秦昕等(2018)对 2000～2016 年跨度 17 年的实验创业文献加以梳理,发现风险投资、创业机会和创业者等主题占据较大份额,其中,风险投资更是以 29.69% 的数量成为创业研究文献的第一细分领域。基于学者们的系统回顾,可见风险投资是创业领域中沿用实验法的主要研究主题,应用实验法对风险投资的相关问题加以讨论,其研究效果和研究适配性具有高度契合性。

囿于创业项目的高度不确定性和新进入劣势,创业者和创业企业获取资金支持的难度较大。作为创业者获取创业投资的主要途径和重要来源,风险投资对于新创企业成长的重要作用不言而喻,其实质也是机会识别、评估和开发的创业决策过程,因而成为创业研究领域的重要话题(Gompers and Lerner,1999)。应用于实验法对风险投资研究的关注主要集中于投资决策的影响因素方面,陈(Chen,2009)等通过设置商业计划书的内容和创业者所表现出来的激情设计实验,试图探究创业准备和创业者激情对投资决策的影响差异,结果表明,创业者所呈现的商业计划书的质量比创业者所表现的创业激情对获取风险投资的积极作用更为明显。陈和帕克(Chan and Park,2015)通过两组实验,研究商业计划书的产品形象和商业计划书的颜色差异对风险投资决策的影响，对控制组和实验组的比较表明，商业计划书中产品的形象和颜色对风险投资决策均有显著影响。德罗弗（Drover et al.，2014）是应用实验法研究风险投资领域的代表性人物，其通过设置风险投资者不同程度的道德和声誉水平来探求其对创业者融资意愿的影响，结果表明，风险投资先前的不道德、中性道德和道德三个行为组别分别对创业者合作意愿产生了不同程度的影响，该研究通过实验法建立了风险投资和商业道德两个研究主题之间的联系，为风险投资和实验研究提供了新的视野。同样受关注应用实验法解决风险投资、偏见和直觉等方面的问题，所设计的实验是通过录音材料操控风险投资人所提问题和创业者对此回应的动机取向，即促进焦点动机和防御焦点动机两种，力图探究性别差异间的创业融资机制，研究表明，风险投资人对于差异化性别所关注的焦点和提问方式具有明显不同，对于男性创业者以促进调节焦点提问为主，而对于女性创业者则更为关心防御调节焦点问题，而男性相比于女性，获得更多的投资机会。同时，在此研究结论的基础上补充实验发现，女性创业者以促进焦点方式回应投资人提问时，则会获得更高的投资额度（Kanze et al.，2018）。克拉克等（Clarke et al.，2019）讨论风险投资过程中创业者手势和语言组合对投资者投资决策的影响，实验发现，创业者所采用的语言方式对投资决策影响较弱，而用于表达情绪和描绘创业前景的创业者手势对风险投资获得具有更为明显的作用。随着实验研究的广泛应用，风险投资学者通过实验法对于风险投资自身特质开展研究，如风险投资者的社会网络（Wuebker et al.，2015）、先前投资经验（Drover et al.，2015；Nikolaus et al.，2008）、过度自信（Zacharakis and Shepherd，2001）等，不仅拓展了风险投资的相关研究，同时也在不同研究领域之间建立理论桥梁并扩展研究广度。

　　本书讨论创业者和风险投资人两者的调节焦点匹配对投资人投资决策的影响机制以及创业者面对预期落差情境下的融资意愿，该研究主题和理论推演与实验法具有天然的适配性和契合性，具体体现在以下几个方面：第一，实验法发端于心理学，对认知、情绪、特质和人格等因素进行了较为深入的讨论，并形成了较为成熟的实验心理学研究范式，本书所讨论的风险投资情境下的调节焦点问题是创业者和风险投资人的行为动机概念，实质即为动机驱动下的信息加工过程和内在心理过程。通过设计精准且巧妙的实验设计，可以深入挖掘创业者和投资人决策的逻辑链条。第二，并非所有的创业领域研究均适用于实验法加以检验和验证，从已发表的文献来看，实验法主要适用于以个体层面为主的微观机制研究，涉及的研究主题和变量也多与个体认知和决策相关。本书研究的是风险投资决策情境下创业者和投资人个体层面的投资和融资决策问题，采用实验法可以增强实验设计的合理性和可操作性。第三，创业决策过程限于其私密性和难以公开，较难通过客观的真实数据加以检验，同时，该过程受到创业者性别、激情、创业项目以及风险投资人的先前经验、关注行业等诸多因素的影响，因此，研究难度在于如何单纯取得纯化的决策情境。而实验法可以有效避免该问题，屏蔽可能对研究结论有影响的干扰因素并有效观测投资决策情境。第四，创业研究领域的共识认为，创业者具有明显的后视偏差，成功获得创业投资的创业者可能体现出幸存者偏误，而有过失败投资经历的创业者则具有明显的刻意掩饰。歪曲回忆的后视偏差往往使得研究结论造成"马后炮"的结果并使得结论发生失真，难以保证其研究的信效度。实验法则通过实验设计，在实验情境中制定决策，通过情景模拟和即时反馈的形式有效避免后视偏差的影响。

### 4.2.2　问卷调查法

实验法具有明显的优势，主要体现在变量之间的共变关系可以精准把握，而且可以保证作为原因的自变量优先发生于作为结果的因变量之前，同时可以有效排除其他可能的理论解释，因此，其对于因果关系的判断相比其他研究方法更为清晰，可以保证更高水平的内部效度。由于实验法对尽可能所有的变量进行了控制，使得实验设计的情境与现实具有一定的偏差，因此，实验法的纯化特征也会使得创业研究的学者对该方法存有疑惑。传统的研究方法来源于真实情境，往往可以保证外部效度，而内部效度偏低，实验法抽离了研究情境，确保了内部效度，但外部效度偏弱，这也在一定程度上说明了内部效度和外部效度难以同时保证的研究窘境，社会科学研究学者也认同两者是一对很难双全的矛盾体。因此，学界也提出在学术研究过程中，兼顾和使用两种研究方法则可以达到同时保证较高水平的内部效度和外部效度的目的（Qin et al.，2015；Scandura and Williams，2000）。由于创业研究涉及经济学、管理学、行为科学和心理学等多学科背景，其研究范式也呈现差异化，因而多重研究方法的运用可以弥补不同学科之间的分歧。这种交融式的研究范式也得到了学者的广泛认同和使用（胡琼晶等，2016；Qin et al.，2018），主要的范式为先采用实验法对研究主题和所提假设进行理论抽离和检验，在保证内部效度的同时，明确自变量和因变量的因果关系；在实验法明确因果关系的基础上，再采用传统的研究方法对结论进行补充和检验，进而提高研究的外部效度。此类交融式的研究范式已经得到了学术主流的认可，通过统计创业和战略领域的权威期刊 *Journal of Business Venturing* 和 *Strategic Management Journal* 可发现，单纯使用实验法作为研究方法的文章的平均发表周期为 6.2 个月，而采用实验法和其他方法结合的文献发表周期为 5.6 个月，这也说明实验法和传统研究方法的结合是学术研究发展的一个有效路径和实现方式。

　　本书在应用实验法的基础上，采用传统问卷调查的研究方法对真实的创业者和投资人进行问卷调查，与实验法相互促进互为补充，实现研究兼具较高水平的内外部效度。问卷调查法同样是管理学研究中重要的研究方法之一，也是主流的数据收集方式。问卷调查法是将研究模型中的变量进行最优化题项的转化和呈现，其严谨性和科学性有赖于问卷设计。本书将研究设计中的问题抽象成理论构建和可测量的指标，请真实的调研对象根据自身实际情况和当下的情况进行问卷的填答，以切实了解被调研对象对于问卷和研究问题的意见。具体流程共经历以下几个阶段：第一阶段，依据文献研究明确核心变量和理论模型，主要关注变量的相关前沿文献并确定适合本书的量表和操纵方式；第二阶段，对变量和实验操纵征求学术团队和相关领域专家学者的意见和建议，并通过预调研的形式对量表的措辞和实验操纵的有效性进行确定，最终对问卷进行修改和调整；第三阶段，作者自行以滚雪球的形式发放并回收问卷，根据本书的研究主题和研究内容，将创业者限定为新创企业的创始人，同时该创始人处于风险融资阶段，投资人则限定为投资新创企业种子轮和天使轮的风险投资人。在明确问卷设计和问卷数据后，研究采用实验法获得创业者—投资人调节焦点匹配对投资决策的影响以及创业者融资意愿的影响机制等结论，进而采用真实的投资人和创业者进行问卷调查，获取真实情境下的研究结论，以期实现由情景实验法和问卷调查法两种研究方法共同保证内外部效度的科学性和严谨性。

## 4.3　研究样本选择与操控

### 4.3.1　实验被试选择

实验研究方法的总体思想是实验被试模拟决策者在所设计的实验情境中制定决策，以观察理论推导的因果关系和假设检验，因而选择合适的实验被试就成为实验研究的关键。在创业领域的研究中，实验被试的选择通常采用三类主体：第一，高校在读的本科生（Fang，2012；Gupta et al.，2014；Gielnik et al.，2015；Hakonsson et al.，2016；Lerner，2016）。请没有实际工作经验的在校学生模拟创业者或者企业高管进行决策具有其明确的合理性，由于实验设计的行为决策具有高度抽象性，本科生在决策过程中可以代表此类人群并体现出一类主体的共性，并将其他无关的决策因素加以淡化（李建标等，2009）。但是，本科生往往不具备真实的从业经历和创业经验，仅具备创业研究所要求的一定程度的理论知识基础，因此可能存在难以充分反应创业现实的情况。第二，创业者、风险投资人和公司高管本身（Wood and Williams，2014；Tong et al.，2015；Wuebker et al.，

2015；Murnieks et al.，2016）。以高层管理者和真实的创业者及投资人作为实验被试，好处在于其真实的管理和创业经历能够有效反映实验所预设的结论并获得较高的实践启示，但是此类被试容易受到社会情境、行业竞争等外在因素以及创业成功与失败经历、自我效能感等内在因素的干扰，难以有效排除扰动因素的影响。另外，集合此类参与者的时间成本和经济成本巨大，往往使得实验样本数偏低。第三，高校 MBA 学员（Devers et al.，2008；Connelly et al.，2012；Welpe et al.，2012；Douglas，2013）。请此类被试可以有效弥补本科生和真实样本带来的研究缺陷和理论不足，MBA 学员具有企业工作和管理经验，兼具商业和创业方面的知识基础。同时，MBA 学员相较于真实投资人和创业者具有成本相对低廉的优势。综合以上分析，本书采用高校 MBA 学员对实验数据进行检验，尤其是应用高校 MBA 学员作为研究被试有其独特的合理性（Clarke et al.，2019）。投资决策研究往往包含投资信息获取和投资信息整合两个重要路径，也因此形成了低投资任务复杂性和高投资任务复杂性分类，已有研究表明，MBA 学员掌握一定程度的企业管理和投资的理论知识，同时兼顾了相应的从业和投资经历，因此能够有效地对投资决策信息进行获取和整合（Elliott et al.，2007）。本书重点关注创业者和投资人的调节焦点匹配对投资决策以及创业者融资意愿的影响，其中并不涉及复杂的投资实际和理论知识，实验设计中也精准地回避了创业项目、创业团队等复杂的投资前置因素，使得研究视角关注于投资决策的动机本身，并将本书结论有效推广至不同的匹配主体。

根据实验明确的被试样本，本书将理论模型分为两个阶段的子研究，分别为投资人投资决策机制研究和创业者融资意愿机制研究。投资人决策机制具体细化为预实验一、实验一和实验二，共三个实验构成：预实验一是对促进焦点和防御焦点创业者路演视频的开发和区分实验，该实验主要是为实验一和实验二提供可操纵化的实验材料，预实验一的 MBA 样本共计 60 名；实验一则是检验创业者—投资人调节焦点匹配对投资人投资决策的影响以及情感体验和认知风格的中介作用，采用的实验方法是请被试观看预实验一所开发的创业者路演视频，并通过制定决策和量表测量的方

式获得实验结论，实验一的 MBA 样本共计 90 名；实验二在实验一的基础
上，检验创业项目政策导向的关键调节作用，以说明制度情境在投资决策
过程中的影响，该实验对创业者路演视频进行了进一步加工，在路演过程
中增加了政策的相关论述，以观察投资人的投资决策，实验二的 MBA 样
本共计 112 名。在投资人投资决策机制的研究结论下，进一步挖掘创业者
融资意愿的决策机制，该阶段的研究通过预实验二、实验三、实验四和实
验五完成。其中，预实验二是预期落差情境的开发和检验实验，为创业者
融资意愿机制的顺利开展提供实验操纵，预实验二 MBA 样本共计 30 名；
实验三是创业者融资意愿决策机制的主体实验，主要检验预期落差对创业
者融资意愿的直接影响以及创业者调节焦点的调节效应，实验三的 MBA
样本共计 109 名；实验四和实验五分别是创业者融资意愿得以实现的边界
条件实验，分别检验投资人声誉和多元主体投资的调节效应，是对这一阶
段主效应研究的关键补充和完善，实验四和实验五分别采用 MBA 样本 116
名和 115 名。以上七组实验所采用的 MBA 样本不重叠，每个样本只参加
一次实验且难以猜测实验目的，确保研究的严谨性和科学性，各实验情况
汇总如表 4.1 所示。

**表 4.1**                   **实验设计与样本汇总**

| 实验组别 | 实验名称 | 实验目的 | 实验样本数量 |
|---|---|---|---|
| 投资人投资决策<br>机制研究 | 预实验一 | 开发和检验投资决策的实验操纵 | MBA 学员 60 名 |
| | 实验一 | 调节匹配的主效应和认知—情感的中介效应 | MBA 学员 90 名 |
| | 实验二 | 政策导向的调节效应 | MBA 学员 112 名 |
| 创业者融资决策<br>机制研究 | 预实验二 | 开发和检验融资决策的实验操纵 | MBA 学员 30 名 |
| | 实验三 | 预期落差的主效应和创业者调节焦点的调节效应 | MBA 学员 109 名 |
| | 实验四 | 投资人声誉的调节效应 | MBA 学员 116 名 |
| | 实验五 | 多元主体投资的调节效应 | MBA 学员 115 名 |

## 4.3.2　实验被试操控

实验研究的被试操控模式是创业研究能够成功的关键。创业研究学者

许（Hsu，2016）依据实验被试的实验情境和参与程度两个维度对实验研究的操纵模式进行分类，包含主动参与的现实情境、被动参与的现实情境、主动参与的角色扮演和被动参与的角色扮演四种分类。主动参与的现实情境是改变被试的个性、态度、情绪和意图等自我概念，并要求其根据自身角色作出实验决策的操纵模式。被动参与的现实情境是要求被试审阅实验设计中既定的实验情境，并根据自身角色制定决策的操纵模式。无论是主动还是被动的现实情境操纵往往存在一定的困难，因此，实验操纵以角色扮演的情境为主。主动角色扮演是首先改变被试的自我概念，进而要求其扮演特定角色并根据该角色作出实验设计中的决策任务，该方式要求被试深入并最大程度与实验所设计情境产生共鸣和关联以保证扮演的有效性。而被动角色扮演则是请被试先阅读给定的实验材料和情境，并扮演某一特定角色并依据该角色的自我概念进行实验任务的决策。本书请高校MBA 学员对风险投资人和创业者进行模拟，因而符合角色扮演的情境，同时，需要通过阅读给定的实验情境进行风险投资人投资以及创业者融资的任务决策，属于被动参与模式。综上所述，本书采用高校 MBA 学员进行被动角色扮演的操纵模式对理论推演和研究假设进行实证检验。

# 第 5 章

# 实证检验与结果分析

本章以 MBA 学员作为实验研究的被试，以真实的创业者和投资人作为问卷调查研究的样本，分别对所获得的数据进行描述性统计分析、信度效度检验、相关性分析、方差分析和层级回归等分析技术处理，最后结合理论和实践对结果进行讨论，提炼出主要研究发现。

## 5.1 投资决策机制的实验检验与结果分析

### 5.1.1 预实验一：投资决策机制实验材料开发

#### 5.1.1.1 实验目的与实验设计

投资人投资机制研究主要讨论创业者—投资人调节焦点匹配对投资人是否投资以及投资数额决策的影响效应、投资人在投资决策过程中所形成的情绪体验和认知风格的中介效应以及政策导向的调节效应三个主要部分。研究设计将三个部分都置于创业项目的风险投资情境中，因此，创业者的创业路演成为触发研究形成的重要因素。作为创业路演的重要形式，视频传达成为创业者偏好表达和阐释的重要媒介。本书沿用创业视频路演这一主流形式来代表创业者路演，研究所选取的主要自变量为创业者—投资人的调节焦点匹配，其中创业者的调节焦点则以差异化的创业视频形式进行实验操纵。

正式实验的实验一和实验二采用由同一演员扮演创业者的形式进行，两则视频中传达的创业项目、创业内容、创业优势以及融资额度完全一致，差异在于演员在扮演创业者的过程中体现出促进焦点和防御焦点两种表达。因此，促进焦点和防御焦点在实验过程中是否由投资人被试感受出显著的差异性，就成为实验材料是否有效以及研究是否具有严谨性的关键。预实验主要针对促进焦点视频实验材料和防御焦点视频实验材料的差异性进行检验，以实现正式实验的有效开展。预实验一采用两组别组间实验，将 60 名被试随机分为两组，每组 30 人，分别观看由演员扮演的促进焦点和防御焦点创业者路演视频，观看后，请被试回答包含三个题项的检验问卷，题目分别为"该创业者富有激情""该创业者手势多变""该创业者语调高亢"，题项为七级量表，从非常不同意到非常同意。

### 5.1.1.2　结果分析与讨论

预实验一采用独立样本 T 检验方法对预实验两种类型的实验操纵进行检验。研究将促进焦点创业者路演视频和防御焦点创业者路演视频的数据进行比较分析，采用独立样本 T 检验的方法，数据表明，促进焦点创业者的路演（$M = 4.83$，$SD = 0.70$）激情程度高于防御焦点创业者（$M = 3.60$，$SD = 1.07$），且两者之间具有显著差异 $[F_{(1, 66)} = 6.01$，$p < 0.05]$；促进焦点创业者（$M = 5.22$，$SD = 0.94$）的手势也明显多变于防御焦点创业者（$M = 3.21$，$SD = 0.70$），且呈现显著差异 $[F_{(1, 66)} = 3.02$，$p < 0.05]$；同样，促进焦点创业者的路演（$M = 5.17$，$SD = 0.92$）过程中的语调也明显高亢于防御焦点创业者（$M = 3.36$，$SD = 0.70$），两者同样呈现显著性差异 $[F_{(1, 66)} = 3.02$，$p < 0.05]$。以上数据表明，促进焦点的创业者路演视频与防御焦点的创业者路演视频在激情、手势和语调上具有显著差异，说明创业者路演视频作为实验材料的操纵有效，可以确保研究的严谨性和科学性，预实验一结果分别见图 5.1、图 5.2 和图 5.3。

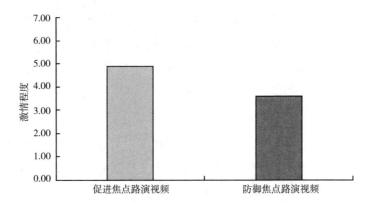

**图 5.1 促进和防御焦点路演视频的激情程度差异**

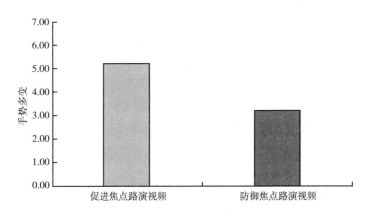

**图 5.2 促进和防御焦点路演视频的手势多变差异**

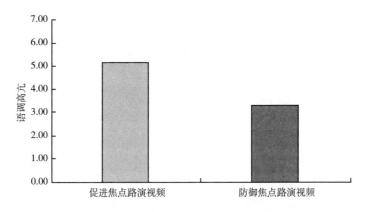

**图 5.3 促进和防御焦点路演视频的语调高亢差异**

### 5.1.2　实验一：调节匹配效应及认知—情感中介效应

#### 5.1.2.1　实验目的与实验设计

实验一是投资人投资机制研究的关键实验，其检验创业者—投资人调节焦点匹配对投资人是否投资以及投资数额的主效应，以及投资人情绪体验和认知风格的中介效应。主效应的实验为整体研究的实现奠定了基础，只有基于调节焦点理论和调节匹配理论的主效应得以验证，才能进一步观测更为深入的内在机制和边界条件的存在和意义。进一步地，实验一基于认知—情感个性系统理论对投资人的情绪体验和认知风格的中介作用进行检验，以挖掘投资人在不确定性和复杂性极高的投资决策过程中能够快速作出决策的内在逻辑。

研究采用两组别（创业者—投资人调节焦点匹配/创业者—投资人调节焦点非匹配）组间实验，实验设计为请 100 名 MBA 学员被试想象自己是投资创业项目的风险投资人，随机分为两组，每组 50 人。先请被试回答调节焦点问卷的 18 个题项以明确被试的调节焦点，即促进焦点被试和防御焦点被试；然后请被试依据随机分配的两个组别，分别观看促进焦点创业者路演视频或防御焦点创业者路演视频，形成调节焦点匹配组（促进焦点被试观看促进焦点创业路演视频和防御焦点被试观看防御焦点创业路演视频）以及调节焦点非匹配组（促进焦点被试观看防御焦点创业路演视频和防御焦点被试观看促进焦点创业路演视频）。观看完视频后，请被试回答投资决策问卷以及认知情感系统问卷，以明确主效应和中介效应的实证结果。

#### 5.1.2.2　实验材料与量表

（1）投资人调节焦点。借鉴洛克伍德等（Lockwood et al.，2002）开发的调节焦点量表，量表共包括 18 个题项。其中，9 个题项测量被试的促进焦点，包括"我时常设想如何才能实现自己的愿望和抱负""一般而言，生活中我更关注于对积极结果的追求"等；9个题项测量被试的防御焦点，包括"我很担忧自己没能很好地履行应尽的职责和义务""一般而言，生活中我更注重对消极事件的预防"等，根据两部分得分判断个体的调节焦点，当促进焦点得分均值高于防御焦点得分均值时，定义被试为促进焦点个体，当防御焦点得分均值高于促进焦点得分均值时，定义被试为防御焦点个体。

（2）创业者调节焦点。借鉴加马奇等（Gamache et al.，2015）开发的调节焦点表达词汇表，其中促进焦点共计27个常用词汇，包括"实现""获得""期望""速度"等，防御焦点共计25个常用词汇，包括"责任""避免""损失""安全"等。通过以上词汇，结合创业者路演的常用模式，实验设计两段时长均为1分45秒的演员扮演式创业者路演视频。其中，促进焦点创业者路演视频的阐释用语包含"怎么样才能提升钢琴的教学质量？怎么样在回家自主练琴的过程中实现效果的创新？""为了实现我的目标，我会选择大幅度的冒险，不拘泥于细节，只有大胆创新才能专注于未来的成就"等促进焦点表达；防御焦点创业者路演视频的阐释用语包含"怎么样才能保证钢琴的教学质量？怎么样在回家自主练琴的过程中确保练琴效果？""为了实现我的目标，我会更加注重企业生存过程中的细节和战略的选择，我必须对我的员工和我的企业负责，不能盲目追求新颖和理想而脱离实际"，根据不同的表达将创业者视频定义为促进焦点和防御焦点，并与投资人调节焦点形成非匹配组别（促进焦点被试观看防御焦点创业路演视频，防御焦点被试观看促进焦点创业路演视频）与匹配组别（促进焦点被试观看促进焦点创业路演视频，防御焦点被试观看防御焦点创业路演视频）。

（3）投资人认知风格。借鉴卡尼曼等（Kahneman et al.，2002）和熊小明（2015）的研究，分析式和启发式的认知风格已经在诸多领域得以广泛普及，其测量方式也具有量表测量和情境启动测量两种。本书中包含投资人通过观看创业者路演视频并启动创业者—投资人调节焦点匹配和非匹配的两种情境，因而采用情境启动测量方式更为科学有效。分析式认知风格是通过较高强度的认知和更多的认知资源得以投入的信息处理方式，启发式则是依据已有的认知图示进行快速一般的处理信息的过程。本书采取过程分解的操作流程（process dissociations procedure，PDP）的方法，通过分解被试回答问题过程中的分析式部分和启发式部分，分别观测实验情境下启动了何种认知风格。过程分解的操作流程由三个题项构成，包括"基本比例忽略情境""联合谬误情境""比例偏差情境"三种，以分离被试的认知风格，三个题项分别具有分析式和启发式之分，其中，将选择分析式题项多于启发式题项的被试定义为分析式认知风格，将选择启发式题项多于分析式题项的被试定义为启发式认知风格。

（4）投资人情绪体验。借鉴希金斯等（Higgins et al.，2003）和陈华娇（2014）的研究，本书采用情绪体验量表测量投资者在投资过程中的情绪体验。该问卷共包括八个项目，包括放松、快乐、愉快、平静、满意、积极、紧张和焦虑八种情绪，其中，代表积极情绪的放松、快乐、愉快、平静、满意和积极六种情绪采用正向计分，紧张和焦虑两种消极情绪采取反向计分，量表采用七级量表，从非常不同意到非常同意。最终采用八个题项的均值代表投资人的情绪体验，最终均值得分越高，代表投资人在投资决策过程中的情绪体验越积极，反之得分越低，其情绪体验越消极。

（5）投资决策。投资决策是一个复杂的多维度系统，本书采用投资意愿和投资数额两个指标代表。投资意愿设置为"您在观看该创业者路演后，是否愿意投资该项目"，其中，不投资编码为1，投资编码为2；投资数额提问为"您愿意的投资额度（假设您目前有2000万元的财务额度）"，设置投资100万~500万元分别编码为2~6。

（6）控制变量。实验研究的优势在于控制外生变量的基础上，通过操纵自变量或者设置调节变量的异质化情境，比较实验组别和控制组别的结论差异来获得研究结论。在创业领域的研究中，应用实验法可以有效规避被试的回忆偏差和幸存者偏误，对问卷调查难以测量的问题加以研究，同时，实验法抽离了自变量与因变量之间的逻辑关系，可以有效避免社会情境、行业竞争等外在因素，以及创业成功与失败经历、自我效能感等内在因素造成的创业研究中可能存在的环境和个体特征等混杂因素的实验干扰，最大限度避免内部效度威胁并保证结论的有效性。由于实验法实验被试采用高校 MBA 学员，因此人口统计变量还可能对研究结论存在干扰。本书在实验设计的过程中，控制性别和年龄等人口因素，性别作为重要的人口统计特征，对于投资决策具有深刻影响。研究表明，男性比女性具有更明显的冒险倾向，且男性更容易获得风险投资。年龄层面的控制则有助于提升研究的严谨性，随着投资人和创业者年龄的增长，投资的成熟度和创业的稳健性均会有一定程度的提升，同时更多利用理性来指导投资和创业行为。创业经历和风险投资经历也是融资过程中重要的影响因素，因为创业经历会显著影响投资人对于创业项目的共情能力，增强其对创业者情绪的理解和判断，因此，在实验设计中控制被试创业经历和风险投资经历，以获得更为精准的变量间因果关系。

### 5.1.2.3　实验结果分析

实验一在于观测创业者—投资人调节焦点匹配对投资人投资决策的影响以及投资人的认知风格和情绪体验在其中的中介作用。其研究方法主要是通过请被试观看视频版本的创业者路演并作出相关的投资决策，因此，被试是否认真观看了具有促进焦点或防御焦点的创业者路演视频就成为研究的关键。为了后续实验的顺利开展，研究设置了两个题项对被试观看创业者路演视频的效果进行评估，分别为"您是否完整地观看了创业者路演视频""请选择该创业项目的创业名称"以此对被试进行甄别，最终实验一获得 90 份有效问卷。

为检验假设 1，实验一对数据进行实证检验。首先，对实验一使用的量表进行信度和效度分析，调节焦点量表 Cronbach's α 值为 0.87，KMO 值为 0.81，Bartlett 球形检验的近似卡方 716.82，p = 0.00，情绪体验量表 Cronbach's α 值为 0.86，KMO 值为 0.84，Bartlett 球形检验的近似卡方

392.19，p =0.00，说明该量表具有良好的信度与效度。进而采用独立样本 T 检验的方法对假设进行检验。研究表明，创业者—投资人匹配与非匹配对投资人投资意愿具有显著差异（t = 2.65，F = 20.55，df = 88，p < 0.01），且创业者—投资人调节焦点匹配的情境下投资者投资意愿显著高于两者非匹配情境（$M_{匹配}$ = 1.80，SD = 0.41；$M_{非匹配}$ = 1.54，SD = 0.51），说明创业者—投资人的调节焦点匹配有利于投资者投资意愿的形成。研究同时还考虑创业者投资数额的影响机制，同样采用独立样本 T 检验，对两者匹配与非匹配情境下的投资数额进行实证检验，结果表明，创业者—投资人匹配与非匹配对投资人投资数额具有显著差异（t = 3.98，F = 3.16，df = 88，p < 0.01），且创业者—投资人调节焦点匹配的情境下投资者投资数额显著高于两者非匹配情境（$M_{匹配}$ = 3.39，SD = 1.67；$M_{非匹配}$ = 2.15，SD = 1.19）。采用回归方法对性别、年龄、创业经历和风险投资经历等变量进行控制后，调节焦点匹配对投资者投资意愿和数额均具有显著正相关关系，即相比于非匹配情境，创业者—投资人调节焦点匹配对投资人投资意愿更强（β = 0.30，p < 0.01，$R^2$ = 0.07），投资数额更多（β = 1.36，p < 0.01，$R^2$ = 0.16），假设 1（1a、1b）得到验证成立。实验结果如图 5.4 和图 5.5 所示。

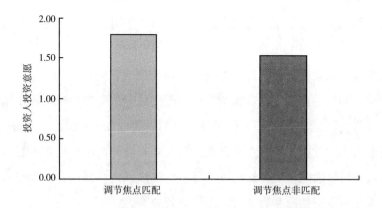

**图 5.4　调节焦点匹配和非匹配的投资人投资意愿差异**

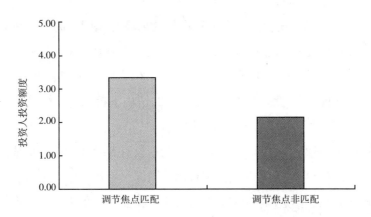

**图 5.5　调节焦点匹配和非匹配的投资人投资额度差异**

进一步检验假设 2 和假设 3，探索关于投资人认知风格和情绪体验的中介作用。对于认知风格的检验采用回归分析的中介效应检验三步法，即：第一步观测自变量对因变量的回归结果，该回归系数应通过统计学显著水平；第二步观测自变量对中介变量的回归结果，该回归系数应通过统计学显著水平；第三步将自变量和中介变量同时纳入模型，将自变量和中介变量同时对因变量加以回归，自变量回归系数应降低，若自变量的回归系数降低且未通过显著性检验，说明中介变量在自变量和因变量之间起到中介作用且发挥完全中介作用，若自变量的回归系数降低同时通过显著性检验，则说明中介变量在模型中发挥部分中介作用。实验一先检验自变量创业者—投资人调节焦点匹配对因变量投资人投资意愿的影响，结果表明，两者匹配对投资意愿具有显著的正向作用（$\beta = 0.29$，$p < 0.01$），进而检验自变量创业者—投资人调节焦点匹配对中介变量投资人认知风格的影响，两者匹配对认知风格的正向作用不显著（$\beta = 0.12$，$p > 0.1$）。由于模型的中介效应不成立在于自变量创业者—投资人调节焦点匹配对中介变量认知风格的路径上，综合以上分析，认知风格在创业者—投资人调节焦点匹配与投资意愿和数额之间的中介效应不成立。

对于情绪体验进行实证检验前，对实验使用的情绪体验量表进行信度和效度分析，量表 Cronbach's α 值为 0.86，KMO 值为 0.84，Bartlett 球形检验的近似卡方 392.19，p = 0.00，说明该量表具有良好的信度与效度。在明确情绪体验量表的信效度后，采用回归分析的中介效应检验三步法：先检验自变量创业者—投资人调节焦点匹配对因变量投资人投资意愿的影响，结果表明，两者匹配对投资意愿具有显著的正向作用（$\beta = 0.29$，$p < 0.01$，$R^2 = 0.07$），进而检验自变量创业者—投资人调节焦点匹配对中介变量投资人情绪体验的影响，两者匹配对情绪体验的正向作用显著（$\beta = 0.64$，$p < 0.01$，$R^2 = 0.13$），最后将自变量创业者—投资人调节焦点匹配和中介变量情绪体验同时纳入研究模型发现，模型的拟合度明显提升（$R^2 = 0.51$）且自变量对因变量正相关不显著（$\beta = 0.05$），中介变量正相关且显著（$\beta = 0.39$，$p < 0.01$），表明情绪体验在创业者—投资人调节焦点匹配与投资意愿之间的中介效应成立。进一步检验情绪体验在创业者—投资人调节焦点匹配与投资数额之间的中介效应，先检验自变量创业者—投资人调节焦点匹配对因变量投资人投资数额的影响，结果表明，两者匹配对投资数额具有显著的正向作用（$\beta = 1.36$，$p < 0.01$，$R^2 = 0.16$），进而检验自变量创业者—投资人调节焦点匹配对中介变量投资人情绪体验的影响，两者匹配对情绪体验的正向作用显著（$\beta = 0.64$，$p < 0.01$，$R^2 = 0.13$），最后将自变量创业者—投资人调节焦点匹配和中介变量情绪体验同时纳入研究模型发现，模型的拟合度明显提升（$R^2 = 0.41$）且自变量对因变量显著正相关（$\beta = 0.72$，$p < 0.05$），中介变量正相关且显著（$\beta = 1.01$，$p < 0.01$），表明情绪体验在创业者—投资人调节焦点匹配与投资数额之间的中介效应成立。综合以上分析，创业者—投资人调节焦点匹配与投资意愿和数额之间的中介机制是投资人的情绪体验，即两者调节焦点匹配使得投资人体验积极情绪，进而作出投资决策并制定较高的投资额度。

### 5.1.3　实验二：政策导向的调节效应

#### 5.1.3.1　实验目的与实验设计

实验二是投资人投资决策机制的内在机制过程中边界条件的情景实

验，其检验创业项目的政策导向在创业者—投资人调节焦点匹配与投资决策之间的调节效应。实验一的研究结论为实验二奠定了实证基础，由于创业者—投资人的调节焦点匹配是投资人投资决策的直接推动因素，那么是否在其他边界条件下该结论依然成立或产生程度差异。具有明确的政策导向的创业项目中，创业者—投资人的调节焦点匹配是否会更进一步增强投资人的投资意愿和投资额度。实验二进一步对假设 4 加以探究，以全面观测政策导向这一制度情境下重要边界条件的存在意义。

实验二采用 2（创业者—投资人调节焦点匹配/创业者—投资人调节焦点非匹配）×2（创业项目包含政策导向/创业项目不包含政策导向）的组间实验，共形成四个分类水平（创业者—投资人调节焦点匹配，创业项目包含政策导向/创业者—投资人调节焦点匹配，创业项目不包含政策导向/创业者—投资人调节焦点非匹配，创业项目包含政策导向/创业者—投资人调节焦点非匹配，创业项目不包含政策导向）。实验设计沿用实验一的研究方法，请 120 个 MBA 学员被试想象自己是投资创业项目的风险投资人，随机分为四组，每组 30 人，首先请被试回答调节焦点问卷的 18 个题项以明确被试的调节焦点，即促进焦点被试和防御焦点被试，分别观看促进焦点创业者路演视频和防御焦点创业者路演视频以及涉及政策导向的视频。观看完视频后，请被试制定投资决策，以明确政策导向和是否在创业者—投资人调节焦点匹配与投资意愿和投资数额间起调节效应的实证结果。

### 5.1.3.2　实验材料与量表

实验过程中的实验操纵和量表测量中的创业者调节焦点仍然沿用实验一采用统一演员扮演的形式区分出促进调节焦点创业者路演视频和防御调节焦点创业者路演视频，投资人调节焦点仍然采用被试回答问卷的形式展开。实验二中的关键变量政策导向则采用实验操纵的方法，在原有创业者路演视频的基础上，加入该创业项目与所在城市的发展目标一致，是政府重点发展的行业和领域，例如"……所在的城市正在打造'音乐花园'

的城市品牌，因此政府对于该创业项目十分重视，也实现了该项目与我市政府之间的对接与合作，文化部门的相关政策也为新创企业和创业项目的顺利开展提供资金、人员和发展等方面的支持……"。控制变量仍然沿用实验一的做法，对被试的性别、年龄、创业经历和风险投资经历进行控制。

### 5.1.3.3　结果分析与讨论

实验二检验的是政策导向在创业者—投资人调节焦点匹配与投资人投资意愿和投资数额间的调节作用，沿用实验一的筛选方法，对被试提问"您是否完整地观看了创业者路演视频""请选择该创业项目的创业名称"进行甄别，最终实验二获得 112 份有效问卷。对实验二使用的调节焦点量表进行信度和效度分析，总体量表 Cronbach's $\alpha$ 值为 0.78，KMO 值为 0.82，Bartlett 球形检验的近似卡方 1147.29，$p = 0.00$，说明该量表具有良好的信度与效度。研究采用 PROCESS 插件中的调节效应 MODEL1 并设置 5000 次样本对数据进行分析，结果表明，创业者—投资人调节焦点匹配对投资者投资意愿具有显著正向影响，即创业者—投资人调节焦点匹配有助于创业者投资意愿的形成，政策导向以及两者调节焦点匹配的交乘项与投资人投资意愿正相关且通过了统计学的显著水平（$\beta = 2.46$，$p < 0.05$，$95\% \text{ CI} = [0.03, 4.88]$），表明相比于无政策导向的情境，在创业者—投资人调节焦点匹配且有政策导向的情境下的投资人的投资意愿更强。进一步检验政策导向在创业者—投资人调节焦点匹配与投资人投资数额之间的调节作用，结果表明，创业者—投资人调节焦点匹配对投资者投资数额具有显著正向影响，即创业者—投资人调节焦点匹配有助于创业者投资数额的增加，政策导向以及两者调节焦点匹配的交乘项对投资人投资数额正相关且通过了统计学的显著水平（$\beta = 1.73$，$p < 0.01$，$95\% \text{ CI} = [0.70, 2.76]$），表明相比于无政策导向的创业项目，在创业者—投资人调节焦点匹配且有政策导向情境下投资人的投资数额更多，假设 4 通过实证检验，实验结果如图 5.6 和图 5.7 所示。

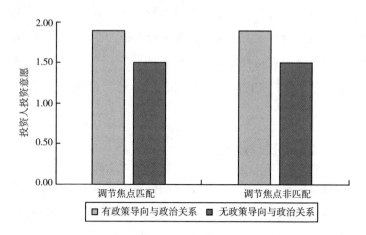

**图 5.6　政策导向在投资意愿中的调节效应**

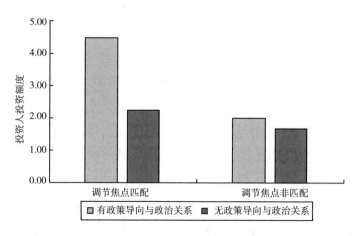

**图 5.7　政策导向在投资额度中的调节效应**

## 5.2　投资决策机制的问卷检验与结果分析

　　为补充实验法研究内部效度较低的局限，本书继续采用问卷调查法通过真实投资人对投资决策阶段的假设进行检验。在进行假设验证之前，先对问卷调查采用的量表进行相关的统计分析和数据检验，主要的检验技术如表 5.1 所示。其中，描述性统计分析是对样本特征等因素的分析技术，相关分析是检验变量间关系的主要方法，效度分析和效度分析是量表真实有效的重要指标和保证，主效应、中介效应和调节效应的分析则是通过假设检验的主要方法。

**表 5.1**　　　　　　　　　　　研究分析技术

| 研究目的 | 分析技术 | 统计工具 |
|---|---|---|
| 样本特征分析 | 描述性统计分析<br>相关分析 | SPSS 21. 0 |
| 共同方法偏差分析 | 因子分析 | SPSS 21. 0 |
| 数据质量分析 | 信度分析<br>效度分析 | SPSS 21. 0 |
| 假设检验 | 回归分析<br>中介效应分析<br>调节效应分析 | SPSS 21. 0 |

## 5.2.1　样本描述性统计分析

在对数据进行处理之前，先对投资人投资机制的样本进行统计性描述分析，沿用实验法的对于问卷的筛选方式，问卷调查部分同样对数据进行系统筛选，题目设置为"您是否完整地观看了创业者路演视频""请选择该创业项目的创业名称"，填答准确的问卷被视为有效问卷。研究共通过线下和线上途径回收问卷 246 份，通过回收问卷的逐一核查和检验，将填答不认真以及非种子轮和天使轮的风险投资人的问卷排除，筛选后有效问卷 158 份，有效回收率为 64.23%，问卷有效率处在合理范围内。针对有效问卷的样本数据，对受访者进行描述性统计分析，结果如表 5.2 所示。

表 5.2　　　　　　　投资决策机制的样本描述性统计分析

| 特征 | 类别 | 人数（人） | 百分比（%） |
|---|---|---|---|
| 性别 | 男 | 88 | 55.69 |
| | 女 | 70 | 44.31 |
| 年龄 | 21~30 岁 | 91 | 57.60 |
| | 31~40 岁 | 66 | 41.78 |
| | 41~50 岁 | 1 | 0.62 |
| 受教育程度 | 高中及以下 | 2 | 1.26 |
| | 本科 | 121 | 76.58 |
| | 硕士研究生 | 27 | 17.09 |
| | 博士研究生 | 8 | 5.07 |
| 创业经历 | 无 | 80 | 50.63 |
| | 有 | 78 | 49.37 |
| 投资年限 | 不足 1 年 | 7 | 4.43 |
| | 1~4 年 | 80 | 50.63 |
| | 5~8 年 | 55 | 34.81 |
| | 9 年及以上 | 16 | 10.13 |

如表 5.2 所示，研究样本中男性与女性比例均衡，分别占比 55.69% 和 44.31%；年龄层次以 21~30 岁占比最多，占比 57.60%；受教育程度以本科为主，占比 76.58%，研究生学历占比 22.16%；样本的创业经历中有无创业经历几乎均等，分别占比 50.63% 和 49.37%；投资年限以 1~4 年和 5~8 年占比最多，总计占比 85.44%。总体上，投资人样本的人口统计学特征符合投资实际且服从正态分布，表明样本真实有效，具有一定的代表性。

## 5.2.2　共同方法偏差分析

共同方法偏差是指在样本对问卷进行填答的过程中可能存在的由同一样本所造成变量之间的相关性膨胀从而发生的数据第一类错误。为避免共同方法偏差问题，本书在指导语中对问卷保密性加以说明，同时强调问项无对错之分，以保证被试能够真实填答。另外，在样本中对题项进行反向计分和注意力筛选题，以防止填写惯性并作为筛选有效问卷的标准。

虽然实施了多重手段避免共同方法偏差的影响，研究仍然有必要对共同方法偏差进行检验，以明确数据的科学性。本书采用哈曼单因素方法对该数据进行检验，检验方法是将所有量表的题项同时纳入探索性因子分析，通过未旋转的因子分析结果分析，若存在某一个因子的解释力度占据了总解释力度的 50%，则说明数据存在比较严重的共同方法偏差问题。本书将所有题项运用 SPSS21.0 进行探索性因子分析检验，KMO 值为 0.74，Bartlett 球形检验的近似卡方 2455，df = 666，p = 0.00，所得到的第一个因子所占的贡献率为 17.02%，未占据超过一半的贡献率，表明数据不具有明显的共同方法偏差问题。

### 5.2.3 变量相关性分析

相关性分析主要用以反映变量之间的关系，同时也是研究进行数据回归分析的基础。因此，本书通过皮尔逊相关系数的检验，观测调节焦点匹配、情绪体验、认知风格、政策导向、投资意愿和投资额度之间的相关系数，结果如表 5.3 所示。

表 5.3 投资决策机制的变量相关性分析

| 变量 | 均值 | 标准差 | 1 | 2 | 3 | 4 | 5 | 6 |
|---|---|---|---|---|---|---|---|---|
| 调节焦点匹配 | 1.46 | 0.50 | 1 | | | | | |
| 情绪体验 | 5.18 | 0.85 | 0.42 *** | 1 | | | | |
| 认知风格 | 1.65 | 0.48 | 0.09 | 0.09 | 1 | | | |
| 政策导向 | 1.49 | 0.50 | −0.01 | 0.16 ** | 0.03 | 1 | | |
| 投资意愿 | 1.72 | 0.45 | 0.16 ** | 0.29 *** | 0.22 *** | 0.43 *** | 1 | |
| 投资额度 | 3.13 | 1.79 | 0.19 ** | 0.31 *** | 0.21 *** | 0.41 *** | 0.76 *** | 1 |

注：*** 表示 $p < 0.01$，** 表示 $p < 0.05$，* 表示 $p < 0.10$。

由表 5.3 可知，从相关系数来看，自变量调节焦点匹配与因变量投资意愿（$\beta = 0.16$，$p < 0.05$）和投资额度（$\beta = 0.19$，$p < 0.05$）均具有显

著正相关关系，中介变量情绪体验与因变量投资意愿（β=0.29，p<0.01）和投资额度（β=0.31，p<0.01）具有显著正相关关系，认知风格与因变量投资意愿（β=0.22，p<0.01）和投资额度（β=0.21，p<0.01）呈现显著正相关关系，政策导向与投资意愿和投资额度同样具有显著正相关关系，回归系数分别为0.43和0.41。可见，相关性分析结果呈现了变量之间具有一定程度的相关关系，为进一步的回归分析奠定了基础。

## 5.2.4　回归分析

在明确了变量间具有稳定的相关关系并保证不存在共同方法偏差的前提下，本书通过真实的投资人的问卷调查数据对投资决策阶段的主效应和中介效应加以检验。检验前对量表进行信度和效度分析，调节焦点量表 Cronbach's α 值为0.83，KMO 值为0.83，Bartlett 球形检验的近似卡方1203.46，p=0.00，情绪体验量表 Cronbach's α 值为0.84，KMO 值为0.81，Bartlett 球形检验的近似卡方582.30，p=0.00，说明量表具有良好的信度与效度。如表5.4和表5.5所示，为更好地厘清变量间的主效应和中介效应关系，模型 M1 将控制变量与投资人投资意愿进行回归，结果表明 $R^2$ 水平较低，且控制变量回归系数显著性较低，即与因变量之间无明显的相关关系；模型 M2 在模型 M1 的基础上，将创业者—投资人调节焦点匹配纳入模型，结论发现其对投资人投资意愿具有显著正向影响（β=0.14，p<0.1），对投资人投资数额同样具有显著正向影响（β=0.67，p<0.05），主效应的假设1得到验证。

为检验认知风格在调节焦点匹配与投资决策之间的中介作用，借鉴温忠麟等关于中介作用检验的方法，结果表明，调节焦点匹配对认知风格中介作用的模型 M3 路径表明，两者之间并无显著相关关系，即中介效应检验的重要路径未通过检验，说明投资人认知风格在创业者—投资人调节焦点匹配和投资人投资决策之间中介效应不成立，假设2未得到验证。

表 5.4　　　　　　投资意愿机制中认知风格中介效应的层级回归

| 被解释变量 | 投资人投资意愿 | | 认知风格 | 投资人投资意愿 |
| --- | --- | --- | --- | --- |
| 模型 | M1 | M2 | M3 | M4 |
| 性别 | 0.02 | 0.02 | 0.11 | − 0.01 |
| 年龄 | 0.01 | 0.02 | − 0.20 *** | 0.06 |
| 受教育程度 | 0.02 | 0.04 | − 0.02 | 0.04 |
| 创业经历 | 0.19 *** | 0.17 ** | 0.17 ** | 0.14 * |
| 投资年限 | 0.05 | 0.05 | 0.15 *** | 0.02 |
| 调节焦点匹配 | | 0.14 * | 0.03 | 0.13 * |
| 认知风格 | | | | 0.19 ** |
| Adj − R² | 0.02 | 0.03 | 0.10 | 0.06 |
| F | 1.59 | 1.93 * | 4.00 *** | 2.51 ** |

注：*** 表示 p < 0.01，** 表示 p < 0.05，* 表示 p < 0.10。

表 5.5　　　　　　投资数额机制中认知风格中介效应的层级回归

| 被解释变量 | 投资人投资数额 | | 认知风格 | 投资人投资数额 |
| --- | --- | --- | --- | --- |
| 模型 | M1 | M2 | M3 | M4 |
| 性别 | 0.09 | 0.11 | 0.11 | 0.03 |
| 年龄 | 0.16 | 0.24 | − 0.20 *** | 0.39 |
| 受教育程度 | − 0.11 | − 0.04 | − 0.02 | − 0.03 |
| 创业经历 | 0.62 | 0.53 | 0.17 ** | 0.42 |
| 投资年限 | 0.41 | 0.39 | 0.15 *** | 0.29 |
| 调节焦点匹配 | | 0.67 ** | 0.03 | 0.65 ** |
| 认知风格 | | | | 0.71 ** |
| Adj − R² | 0.03 | 0.03 | 0.10 | 0.09 |
| F | 1.98 * | 2.62 ** | 4.00 *** | 3.08 *** |

注：*** 表示 p < 0.01，** 表示 p < 0.05，* 表示 p < 0.10。

在明确认知风格并非创业者—投资人调节焦点匹配与投资决策的中介效应后，进一步检验情绪体验的中介效应是否成立。如表 5.6 和表 5.7 所示，在调节焦点匹配对投资意愿和投资数额正相关影响的基础上，模型 M3 将调节焦点匹配与情绪体验进行回归，检验中介作用的一条路径，结果表明两者之间具有正相关关系（β = 0.66，p < 0.01）；模型 M4 继续将自变量和中介

变量同时纳入模型，结果表明中介变量情绪体验与投资人投资意愿具有显著正相关关系（β=0.17，p<0.01），与投资人投资数额同样具有显著正相关关系（β=0.59，p<0.01），同时，自变量与因变量的正相关关系不显著，说明投资人情绪体验在创业者—投资人调节焦点匹配和投资人投资意愿和投资数额之间具有完全中介作用，假设3得到验证。

表5.6　　　　　投资意愿机制中情绪体验中介效应的层级回归

| 被解释变量 | 投资人投资意愿 | | 情绪体验 | 投资人投资意愿 |
|---|---|---|---|---|
| 模型 | M1 | M2 | M3 | M4 |
| 性别 | 0.02 | 0.02 | −0.05 | 0.03 |
| 年龄 | 0.01 | 0.02 | 0.01 | 0.02 |
| 受教育程度 | 0.02 | 0.04 | −0.09 | 0.05 |
| 创业经历 | 0.19 | 0.17 | 0.13 | 0.15 |
| 投资年限 | 0.05 | 0.05 | −0.04 | 0.06 |
| 调节焦点匹配 | | 0.14 * | 0.66 *** | 0.03 |
| 情绪体验 | | | | 0.17 *** |
| $Adj-R^2$ | 0.02 | 0.03 | 0.17 | 0.10 |
| F | 1.59 | 1.93 *** | 6.36 *** | 3.56 *** |

注：*** 表示 p<0.01，** 表示 p<0.05，* 表示 p<0.10。

表5.7　　　　　投资数额机制中情绪体验中介效应的层级回归

| 被解释变量 | 投资人投资数额 | | 情绪体验 | 投资人投资数额 |
|---|---|---|---|---|
| 模型 | M1 | M2 | M3 | M4 |
| 性别 | 0.09 | 0.11 | −0.05 | 0.14 |
| 年龄 | 0.16 | 0.24 | 0.01 | 0.24 |
| 受教育程度 | −0.11 | −0.04 | −0.09 | 0.01 |
| 创业经历 | 0.62 | 0.53 | 0.13 | 0.46 |
| 投资年限 | 0.41 | 0.39 | −0.04 | 0.41 |
| 调节焦点匹配 | | 0.67 ** | 0.66 *** | 0.27 |
| 情绪体验 | | | | 0.59 *** |
| $Adj-R^2$ | 0.03 | 0.03 | 0.17 | 0.11 |
| F | 1.98 * | 2.62 ** | 6.36 *** | 3.84 *** |

注：*** 表示 p<0.01，** 表示 p<0.05，* 表示 p<0.10。

实验研究的结论表明，政策导向的调节效应成立，为实现内外部效度的兼顾，研究通过真实投资人问卷对其进行外部效度检验。表 5.8 为政策导向的调节效应回归结果，将控制变量纳入模型 M1，结果显示控制变量对于投资者投资意愿影响较小。依据调节效应的检验方法对政策导向在创业者—投资人调节焦点匹配和投资人投资意愿中的调节作用进行检验，模型 M2 结果表明创业者—投资人调节焦点匹配对于投资人投资意愿具有显著正向影响（$\beta = 0.83$，$p < 0.05$）；模型 M3 同时将自变量、调节变量和两者的交乘项引入回归方程，结果显示创业者—投资人调节焦点匹配以及政策导向的交乘项对投资人投资意愿具有显著正相关关系（$\beta = 2.00$，$p < 0.05$）。这表明政策导向在自变量与因变量之间起到了正向调节作用，相比于无政策导向的创业项目，在创业者—投资人调节焦点匹配且有政策导向的情境下投资人的投资意愿更强。

表 5.8　　　　　　　　投资意愿机制中政策调节效应的层级回归

| 被解释变量 | 投资者投资意愿 | | |
|---|---|---|---|
| 模型 | M1 | M2 | M3 |
| 性别 | $-0.04$ | 0.16 | $-0.05$ |
| 年龄 | 0.10 | 0.20 | $-0.24$ |
| 受教育程度 | 0.19 | 0.13 | 0.12 |
| 创业经历 | 1.08 | 0.82 | 0.08 |
| 投资年限 | 0.18 | 0.17 | 0.12 |
| 调节焦点匹配 | | 0.83 ** | 0.50 |
| 政策导向 | | | 2.22 *** |
| 交乘项 | | | 2.00 ** |
| Cox& Snell $R^2$ | 0.06 | 0.07 | 0.23 |
| Nagelkerke $R^2$ | 0.08 | 0.13 | 0.33 |

注：*** 表示 $p < 0.01$，** 表示 $p < 0.05$，* 表示 $p < 0.10$。

由于投资人投资数额并非二分类变量，因此，本书采用线性回归的方法对假设进行实证检验，表 5.9 为政策导向的调节效应回归结果，将控制变量纳入模型 M1，结果显示控制变量对于投资者投资数额影响较小（$R^2 = 0.03$，$F = 1.80$）。对政策导向在创业者—投资人调节焦点匹配和投资人投资数额中的调节作用进行检验，模型 M2 结果表明，创业者—投资人调节焦点匹配对于投资人投资数额具有显著正向影响（$\beta = 0.71$，$p < 0.05$）。模型 M3 同时将自变量、调节变量和两者的交乘项引入回归方程，结果显示创业者—投资人调节焦点匹配以及政策导向的交乘项对投资人投资数额具有显著正相关关系（$\beta = 1.01$，$p < 0.05$）。这表明相比于无政策导向的创业项目，在创业者—投资人调节焦点匹配且有政策导向的情境下投资人的投资数额更高。综合以上分析，再次表明假设 4 得以验证。

表 5.9 　　　　　　　　投资数额机制中政策调节效应的层级回归

| 被解释变量 | 投资者投资数额 | | |
|---|---|---|---|
| 模型 | M1 | M2 | M3 |
| 性别 | 0.12 | 0.13 | 0.01 |
| 年龄 | 0.19 | 0.28 | − 0.12 |
| 受教育程度 | − 0.13 | − 0.06 | − 0.08 |
| 创业经历 | 0.58 | 0.49 | − 0.02 |
| 投资年限 | 0.37 | 0.35 | 0.30 |
| 调节焦点匹配 | | 0.71 ** | 0.71 *** |
| 政策导向 | | | 1.43 *** |
| 交乘项 | | | 1.01 ** |
| Adj − $R^2$ | 0.03 | 0.09 | 0.23 |
| F | 1.80 | 2.59 | 0.33 |

注：*** 表示 $p < 0.01$，** 表示 $p < 0.05$，* 表示 $p < 0.10$。

## 5.3　进一步讨论：认知稳定机制和情绪传染机制

### 5.3.1　认知稳定机制

结合调节焦点理论和认知—情绪个性系统理论的内容，本书对投资人

认知风格部分进行了逻辑推演和理论假设，提出了假设 2（2a、2b），即
认知风格在创业者—投资人调节焦点匹配（非匹配）与投资决策间起中介
作用、直觉型认知风格在创业者—投资人调节焦点匹配与投资决策间起中
介作用、分析型认知风格在创业者—投资人调节焦点非匹配与投资决策间
起中介作用。通过情景实验法和问卷调查法，从以 MBA 学员和真实投资
人的研究样本可以发现，现实情况与假设部分没有完全对应，得以验证的
部分为启发式认知风格与投资意愿和投资额度两者之间呈现正相关关系，
分析式认知风格也确实弱化了投资意愿和投资额度的决策，但是假设中的
创业者和投资人的调节焦点匹配并未直接驱动启发式认知风格，两者的调
节焦点非匹配也并未与分析式认知风格显著相关，以下部分对与假设具有
偏差的研究结论进行进一步梳理和讨论。

　　第一，认知风格的作用方式与信息的处理方式紧密相关，而非与信
息所传递的内容有关。创业者的认知过程是经由环境扫描后的产物，是
其对所接收的新信息与创业者已有的知识体系和结构进行匹配的过程，
包含了对信息的识别和加工两个重要阶段。采取何种认知风格，取决于
信息与知识结构之间的匹配程度、所制定决策的类型和决策情境，同时
还受到不确定性、复杂性以及时间压力等决策特征的影响，共同对信息
加工和处理方式产生作用。而创业者和投资人的调节焦点的匹配与非匹
配之间具有差异化的四种维度，其中，促进焦点创业者的两种情境和防
御焦点创业者的两种情境往往只是信息所传递内容的差异，而并不深刻
地影响投资决策过程中投资人信息处理的方式，使得研究结论并未获得
创业者和投资人匹配对启发式认知风格以及非匹配对分析式认知风格的
驱动作用。

　　第二，现有对于认知风格的维度划分往往采用二分法的分类方式，将
认知风格分为包含两级的对立变量，例如启发式—分析式、适应型—创新
型、整体式—局部式等，这就是使得认知风格变成了一种普遍存在且通过
相应的量表和测量技术可以对其加以测量的变量形式。因此，投资人到底
会形成哪种认知风格，是否会随着情境的变化产生差异就成为学者们产生

浓厚兴趣的关键问题。最新研究发现，在高度变化和充满不确定性的创业环境中，创业者可能会根据环境的变化而产生不同的认知风格，同时适时地选择不同的认知风格可以显著提升创业成功的可能性。例如，杨俊等（2015）发现，认知风格的另一种表现形式为认知风格平衡能力，是指灵活性和柔性在创业活动中的重要作用，同时，拥有认知风格平衡能力的创业者会因其独特的思维方式对创业问题和环境的变化采用恰当的认知风格，进而更易获得创业成功。格罗夫斯等（Groves et al.，2011）也同样认为个体的认知风格和思维方式具有一定的平衡性并体现出相应的平衡能力。高闯等（2013）则对认知风格提出了新的分类，依据元认知思想将认知风格分类为固定型认知风格和灵活型认知风格：固定型认知风格往往偏重固定不变的认知风格处理决策，而灵活型认知风格则是根据决策情境和特征任务进行适当切换的认知风格。

第三，学者还对认知风格的来源和作用机制产生了浓厚的兴趣，这也是任何一个概念提出初期首要和最应解决的关键问题。回顾认知风格的概念，奥尔波特（Allport，1937）提出，该概念是为更好地描述个体特质和人格特征；卡根（Kagan，1965）则是将认知风格定义为对环境的理解以及针对所在环境中对决策进行分类的稳定偏好；梅西克（Messick，1976）将认知风格定义为稳定的个性、偏好和惯性策略。通过以上概念不难发现，认知风格一旦形成，则在较长的一段时间内形成持久基础，所形成的认知风格就像大五人格特征一样稳定。进一步地，虽然认知风格在同一个体内相对稳定，但是在不同的个体间是否存在显著差异则成为学者关注的问题。创业领域的研究学者则是将创业者与其他群体区别开来以观测创业者在认知风格上是否具有独特性。艾林森等（Allinson et al.，2000）将创业者和管理者加以区分并调查其认知风格，结果表明相比于普通管理者，创业者具有更为明显的直觉型认知风格。即使调查对象均为创业者，不同阶段的创业者也存在内部差异，巴特纳等（Buttner et al.，1993）以两年的创业期限为依据，将创业者分为初创期创业者和成熟期创业者，结果表明，初创期创业者相比之下更具有创新型认知风格。阿姆斯特朗和希尔德

（Armstrong and Hird，2009）同样对 131 位调查对象进行研究，其中，81
名初创期创业者与 50 名成熟期创业者的认知风格具有明显差异，其更偏
重直觉型认知风格。格罗夫斯等（Groves et al.，2008）将创业者、职业
演员和会计人员进行比较，研究表明创业者表现出线性思维和非线性思维
的双重思维优势，而职业演员以非线性思维主导，会计人员则以线性思维
为主导。

　　综合以上分析，认知风格是一种主体间存在差异且在较长时期内相对
稳定的信息处理方式。本书的第一阶段研究以投资人的认知风格作为中介
变量，研究假设为创业者—投资人调节焦点匹配则驱动投资人的启发式认
知风格，而两者调节焦点非匹配则促成了投资人的分析式认知风格。但是
根据认知风格研究的梳理与回顾，投资者的认知风格可能相对稳定，并不
易受到创业者路演的影响。同时，投资人对于创业项目来说，是创业进程
的直接推动者和间接实施者，其对于创业团队的关键作用决定了创业项目
的短期盈利性和长期持续性。因此，投资人在投资决策过程中往往保持着
过度自信甚至自恋的人格特征，使得认知风格更为稳定且不易受到影响。
本书通过真实的投资人数据对此分析内容进行数据检验，检验标准将投资
人调节焦点作为分类依据，则形成了促进焦点投资人—促进焦点创业者和
促进焦点投资人—防御焦点创业者一组，以及防御焦点投资人—促进焦点
创业者和防御焦点投资人—防御焦点创业者一组，结果表明，投资人调节
焦点对投资人认知风格具有显著影响，即投资人认知风格由投资人自身的
调节焦点决定，而非创业者调节焦点和两者的调节焦点匹配，具有相对稳
定性。

## 5.3.2　情绪传染机制

　　本书基于认知—情绪个性系统理论，对情绪部分进行了逻辑推演和理
论假设，提出了假设 3（3a、3b），即情绪体验在创业者—投资人调节焦
点匹配（非匹配）与投资决策间起中介作用、积极的情绪体验在创业者—

投资人调节焦点匹配与投资决策间起中介作用以及消极的情绪体验在创业者—投资人调节焦点非匹配与投资决策间起中介作用。通过 MBA 和真实投资人的研究数据可以发现，现实情况与假设部分完全对应，两者调节焦点匹配的确形成了积极情绪，进而促进投资意愿并提升投资额度，非匹配驱动了消极情绪形成，阻碍投资意愿和投资额度的决策。但是鉴于投资人认知由投资人调节焦点决定，并成为相对稳定的机制，研究进一步考虑情绪是否由互动过程中的另一主体创业者决定，以下对情绪体验的中介机制进行进一步讨论和分析。

由于新创企业和创业者资源的新进入劣势，其面临着难以避免的资源约束。与成熟的在位企业不同，新创企业创业过程中难以快速实现收益并提供给各利益相关者物质回报和激励。因此，创业者不得不将积极和亢奋的情绪状态作为特定的资源，与创业过程中的各主体进行交换。对于创业者来说创业异常艰难，可谓是一场持久的战役，而保持积极的情绪可以为这一段旅程提供稳定且持续的源泉和动力，不仅为创业者提供信息处理和决策的内在驱动力，同时还能帮助克服创业过程中的各种困难（Baron，2008；Cardon et al.，2009）。创业者在路演过程中，也会将其积极情绪展现并传达给投资人，其内在逻辑是创业者积极情绪传染给投资人以及创业者积极情绪转化为创业者—投资人共享积极情绪的过程。这一过程是包括情绪传达和身份认同的心理过程，由于创业者和投资人在一定程度上是合作关系，尤其在风险投资过程中被放置于同一个逻辑体系下，其所处的环境和目标具有一致性。随着时间的增加以及彼此讨论的深入，各自的情绪会有意识或无意识地相互渗透和传染（Kelly and Barsade，2001）。已有研究表明，群体情感的溯源和形成也是团队内成员情感共享和传染的结果（Kelly and Barsade，2001），该结果为团队内其他成员产生情绪体验提供基础，增强群体情绪凝聚力，提升团队满意度，对团队互动提供积极影响并形成更为融洽的团队氛围（汪祚军等，2017）。

创业者路演过程中，差异化的调节焦点驱动了不同的情绪表达。而投资人体验到的共享情绪是创业者将自己的情绪传染给投资人的过程，随之投资人感受到相似情绪，此情绪通过传染和凝聚，最终形成投资人可以感知到的积极或消极情绪。而情绪传染的途径先是情绪表达，是创业者向外传达情绪信号的过程，投资人通过观察和感知创业者的神态、语气、表情和动作等信号并将其处理为情绪。创业者的情绪传染往往是有意识的行为表达，其将面部表情、手势和词汇的运用与情绪加以结合并得以传递。此时，投资人则通过情绪互动，接受并感知到创业者所表达的情绪，随之产生情绪共鸣。由于投资人是共享情绪的接受者，同时也会转变为情绪的释放者，此时创业者和投资人两者相互影响，相互作用，情绪会得以融合。大量研究都证实，在团队中与他人共享情绪会导致群体情绪的凝聚，使得群体情绪逐步趋于一致，同时共享的情绪体验会使得情绪呈现放大效应（Barsade，2002；Remus et al.，2007；Totterdell，2000；Totterdell et al.，1998）。例如，当两个支持同一家球队的球迷在真实观看球赛的情境下，会因为两者体验相同的情绪事件而增加对于该球队胜利的喜悦程度或失败的悲伤程度。又如，若群体中情绪主导的个体以保守的风险偏好为主，那么经由讨论的群体风险偏好则会更为保守，相反，当群体中的个体偏好于冒险，那么经由其主导讨论后的群体情绪会更为冒险（汪祚军等，2017）。究其原因，在于相对个体的独自情绪体验，共享的情绪会增强对于情绪的反复刺激使其产生更深的情绪加工，对积极情绪的刺激会加深其对于积极情绪的深刻体验，反作用于情绪的积极化。

本书所提假设中情绪体验在创业者—投资人调节焦点匹配（非匹配）与投资决策间起中介作用、积极的情绪体验在创业者—投资人调节焦点匹配与投资决策间起中介作用以及消极的情绪体验在创业者—投资人调节焦点非匹配与投资决策间起中介作用得以验证。根据情绪传染的相关文献回顾，情绪传染的必要条件是主导个体的情绪产生，即积极情绪的传染需要某一个体积极情绪的产生，消极情绪的传染则需要某一个体消极情绪的主导，而创业者—投资人调节焦点匹配所产生的主导情绪并不一致，匹配情境下存在创业者和投资人均为促进焦点的匹配以及均为防御焦点的匹配，而两种匹配则可能形成了差异化的情绪传染机制，同理创业者—投资人调节焦点非匹配的情境同样不是单维度概念，存在促进焦点和防御焦点互置的两种情境，其所驱动的情绪形成也不尽相同。因此，虽然研究证实了创业者—投资人调节焦点匹配驱动了积极情绪，非匹配驱动了消极情绪，但是研究有理由认为该积极情绪和消极情绪的主要驱动者是创业者而非投资人。通过进一步分析创业者—投资人匹配和非匹配情境，可以细分为促进焦点创业者—促进焦点投资人、促进焦点创业者—防御焦点投资人、防御焦点创业者—促进焦点投资人、防御焦点创业者—防御焦点投资人四种情境。由于创业路演过程以创业者的阐释和传达为主，以创业者作为情绪的主导者和发出者制定分类标准，而非匹配与否，本书进一步讨论促进焦点创业者的两种分类（促进焦点创业者—促进焦点投资人、促进焦点创业者—防御焦点投资人）与防御焦点创业者的两种分类（防御焦点创业者—促进焦点投资人、防御焦点创业者—防御焦点投资人）之间在积极情绪和消极情绪上是否具有显著差异。数据分析如下：将自变量设置为创业者调节焦点（促进焦点创业者和防御焦点创业者），因变量设置为投资人情绪体验（积极情绪和消极情绪），将样本进行线性回归，结果表明，创业者调节焦点对投资人情绪体验具有显著影响，即投资人情绪体验由创业者的调节焦点决定，具有相对传染性。

综合以上分析，本书发现，在投资人和创业者的互动过程中，投资人的认知风格和情绪体验由差异化的诱因导致，认知风格主要受投资人自身的调节焦点影响，较难受到创业者以及两者匹配等其他情境因素的影响和改变，具有相对稳定的特性机制。投资人的情绪体验受创业者调节焦点影响，投资人在观看创业者路演视频过程中或与创业者沟通互动过程中，往往容易被创业者调节焦点所驱动的积极情绪或消极情绪传染而随之形成同样的情绪体验。因此，投资人的认知风格和情绪体验由投资人和创业者两个互动主体的调节焦点驱动，体现出非对称互动机制。

## 5.4　融资意愿机制的实验检验与结果分析

### 5.4.1　预实验二：融资意愿决策实验材料开发

#### 5.4.1.1　实验目的与实验设计

创业者融资机制研究主要基于调节焦点理论和前景理论，探究在实际投资额度低于预期额度的落差情境下，创业者的融资意愿以及创业者调节焦点、创业项目的多元主体投资和投资者声誉的调节效应和边界作用，以期全面观测创业者的融资机制。基于研究目的，本书共分为三个实验，分别检验预期落差对创业者融资意愿的影响以及创业者调节焦点的调节作用（实验三）、投资者声誉在预期落差与创业者融资意愿之间的调节作用（实验四）以及多元主体投资在预期落差与创业者融资意愿之间的调节作用（实验五）。由于在正式实验中，本书设计将三个部分都置于投资决策的创业者风险融资情境中，作为确定投资额度的重要形式，商榷函可以作为投资人投资额度的传达途径和沟通渠道。本书沿用投资商榷函这一形式来代表投资人的投资决策，实验需要通过被试阅读融资商榷函的形式，向被试展示低程度和高程度预期落差的两个分类情境，基于阅读包含有预期落差数额的商榷函进行相应的融资决策。因此，综合以上实验研究，创业者所面临的实际额度低于预期额度的落差情境是触发创业者融资机制研究的关键因素，如何设置合理且能够触发创业者内在机制的落差数额就成为研究的关键。

预实验二重点为后续的研究做好实验基础，通过 30 名 MBA 被试想象自己是创业项目的创业者，并观看创业者路演视频，该视频中通过简单介绍创业项目并最终提出以估值 5000 万元（融资 500 万元出让 10% 的股份）的融资要求，请被试填写认为作为创业者个体可以接受的投资人出资的底线融资额度，并以此数值的均值和标准差拟定出实验三、实验四和实验五所用的预期落差数额的低程度和高程度两个分类。

### 5.4.1.2 结果分析与讨论

通过 30 位 MBA 被试的数据填答，发现在观看创业者路演视频后，被试所填答的投资额度底线区间为 150 万 ~ 450 万元，其均值为 320 万元，标准差为 78.34，则将该投资额度底线的高值设置为 400 万元，投资额度底线的低值设置为 240 万元。进而采用单样本 T 检验，观测该组数据是否通过显著性水平，结果表明，数据呈现显著差异性（t = 22.37，df = 29，p < 0.01），因而设置的投资额度两种情境具有实验操纵意义。

## 5.4.2 实验三：预期落差效应与调节焦点的调节效应

### 5.4.2.1 实验目的与实验设计

实验三是创业者融资机制的主要检验实验，主要目的在于探究创业者面对低于预期的投资额度时的融资意愿以及创业者的调节焦点在其中的关键作用。预实验二根据被试的数据，已经确定低程度和高程度的预期落差投资额度，并以此作为创业者融资意愿的触发机制。同时，基于调节焦点理论，创业者融资意愿是内在动机的驱动结果，因此，创业者的调节焦点在其中是否起到关键作用同样需要考虑。

实验三采用 2（低程度预期落差/高程度预期落差）× 2（创业者促进焦点/创业者防御焦点）的组间实验，共形成四个分类水平（低程度预期落差—创业者促进焦点/低程度预期落差—创业者防御焦点/高程度预期落差—创业者促进焦点/高程度预期落差—创业者防御焦点）。实验流程先将 120 位 MBA 学员被试随机分为两组，两组分别观看低程度或高程度预期落差的投资商榷函，阅读后请被试依据自身的实际情况，决定是否接受该笔投资，最后请被试填写调节焦点问卷和控制变量等相关信息。

### 5.4.2.2　实验材料和量表

（1）预期落差。根据预实验二，研究已经通过被试样本的实证分析，得出被试对于投资额度接受底线的均值和标准差，并进一步获得了低程度（编码为 1）和高程度（编码为 2）的投资额度两个实验触发情境，形成两个版本的投资商榷函，低程度版本如"……该项目具有比较好的市场前景和消费受众，我准备投资该项目，但是项目仍具有以下问题有待商榷：第一，商业模式不清晰……第二，项目门槛有待提高……结合以上两点，我会将您的拟投资额度 500 万元出让 10% 的股份（企业估值 5000 万元），下调为 400 万元出让 10% 的股份（企业估值 4000 万元）。请您慎重考虑是否接受该笔投资"。高程度版本如"……该项目具有比较好的市场前景和消费受众，我准备投资该项目，但是项目仍具有以下问题有待商榷：第一，商业模式不清晰……第二，项目门槛有待提高……结合以上两点，我会将您的拟投资额度 500 万元出让 10% 的股份（企业估值 5000 万元），下调为 240 万元出让 10% 的股份（企业估值 2400 万元）。请您慎重考虑是否接受该笔投资"。预期落差将以上两个版本作为其实验材料加以触发。

（2）创业者调节焦点。借鉴洛克伍德等开发的调节焦点量表，量表共包括 18 个题项，其中，9 个题项测量被试的促进焦点，包括"我时常设想如何才能实现自己的愿望和抱负""一般而言，生活中我更关注于对积极结果的追求"等；9 个题项测量被试的防御焦点，包括"我很担忧自己没能很好地履行应尽的职责和义务""一般而言，生活中我更注重对消极事件的预防"等，根据两部分得分判断个体的调节焦点，当促进焦点得分均值高于防御焦点得分均值时，定义被试为促进焦点个体，当防御焦点得分均值高于促进焦点得分均值时，定义被试为防御焦点个体。

（3）创业者融资意愿。在阅读预期落差的实验材料后，创业者需要制定融资意愿，具体问题设置为"您是否愿意接受该笔风险投资"，将不接受投资编码为 1，接受投资编码为 2。

（4）控制变量。由于研究采用高校 MBA 学员作为实验被试，以被动角色扮演的操纵模式进行，因此，为了避免人口统计变量和创业经历等因素的干扰，研究沿用实验一的方法对被试的相关信息进行了控制，包括被试的性别和年龄的基本人口统计信息。同时，由于容易受到创业成功与失败经历、自我效能感等内在因素的干扰，还对是否有过创业经历进行了控制。另外，本书中投资商榷函中的创业项目是涉及互联网和教育行业的创业项目，因此，预实验二还对是否曾经有过教育行业或互联网行业的从业经验进行了控制，以实现研究的严谨性和科学性。

### 5.4.2.3　结果分析与讨论

实验三通过被试观看文字版本的投资商榷函触发实验情境，被试是否认真观看投资商榷函这一实验材料就显得尤其重要，也是实验能够进行的关键因素。因此，研究设置筛选题项，即通过问答"您是否完整地阅读了投资商榷函"并以此作为被试甄选的依据。最终，筛选后获得有效问卷 109 份。进一步对数据进行实证检验，对实验三使用的调节焦点量表进行信度和效度分析，量表 Cronbach's $\alpha$ 值为 0.78，KMO 值为 0.76，Bartlett 球形检验的近似卡方为 753.61，$p = 0.00$，说明该量表具有良好的信度与效度。进而采用独立样本 T 检验的方法对假设进行检验。研究表明，低程度与高程度投资额度的预期落差对于创业者融资意愿的影响具有显著差异（$t = 2.50$，$F = 21.05$，$df = 107$，$p < 0.05$），且低程度投资额度的预期落差下的创业者融资意愿高于高程度投资额度情境（$M_{低} = 1.79$，$SD = 0.41$；$M_{高} = 1.57$，$SD = 0.50$），说明预期落差的确是创业者融资意愿的阻碍因素，即预期落差越大，创业者融资意愿更低，实验结果如图 5.8 所示。进一步采用回归分析并将控制变量纳入考虑，进行实证检验，结果表明，预期落差与投资者融资意愿呈负相关关系，即预期落差越大，创业者融资意愿越低（$\beta = -0.25$，$p < 0.01$，$R^2 = 0.09$），同时，性别、年龄、创业经历和风险投资经历对创业者融资意愿并不存在显著关系，假设 5 得到验证成立。

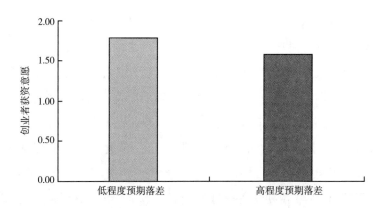

**图 5.8　低程度和高程度预期落差的创业者融资意愿差异**

实验三除了检验预期落差与创业者融资意愿的影响外，还关注了创业者调节焦点在两者之间的调节作用。创业者融资意愿是创业者内在动机的直接驱动结果，调节焦点在其中起着重要的关键作用。因此，将其纳入研究，可以有效地贴合创业实践并体现出创业者的主观能动性。研究采用 PROCESS 插件中的调节效应 MODEL1 并设置 5000 次样本对数据进行分析，结果表明，预期落差对创业者融资意愿具有显著负向影响（$\beta = -2.27$，$p < 0.1$，95% CI = $[-5.55, 0.42]$），即投资额度的预期落差越大，创业者融资意愿越低。然而，创业者调节焦点与预期落差的交乘项对创业者融资意愿正相关但未通过统计学的显著水平（$\beta = 0.87$，95% CI = $[-0.98, 2.71]$），表明创业者调节焦点在自变量与因变量之间未起到调节作用，假设 6 不成立。

### 5.4.3　实验四：投资者声誉的调节效应

#### 5.4.3.1　实验目的与实验设计

实验四是创业者融资机制得以形成的边界条件和调节作用实验，主要目的是探究创业者面对预期落差和差异化声誉投资者情境下的行为决策，即在高声誉投资者的预期落差下以及在低声誉投资者的预期落差下，创业者是否会形成不同的融资决策。投资人声誉的纳入是创业者融资机制研究的重要组成部分，只有深入考虑投资人声誉的影响作用才能实现全面观测创业者和投资人在不同阶段的互动模式。实验四依据预实验二提出的低程度和高程度预期落差的差异化额度作为创业者融资意愿的触发机制。

实验四采用2（低程度预期落差/高程度预期落差）×2（高投资者声誉/低投资者声誉）的组间实验，共形成四个分类水平（低程度预期落差—高投资者声誉/低程度预期落差—低投资者声誉/高程度预期落差—高投资者声誉/高程度预期落差—低投资者声誉）。实验流程是先将120位MBA学员被试随机分为四组，每组30人分别观看低程度和高程度预期落差的投资商榷函，观看后根据自身情况制定创业者融资决策。

### 5.4.3.2　实验材料和量表

预期落差沿用实验三的商榷函形式，与实验三不同之处在于，实验四商榷函中涉及对于投资者声誉的描述，被试阅读后将依据自身的实际情况，决定是否接受该笔投资，最后请被试填写控制变量等相关信息。实验四的实验操纵材料中关于投资者声誉的描述如"……该投资人隶属于风险投资领域的头部团队，其带领的团队已经成功投资新创企业30余家，并实现成功上市十余家。在风险投资和新创企业两个领域，均具有良好的声誉和口碑……"以及"……该投资人是刚刚进入风险投资领域的新手投资人，其所在的团队仅仅投资新创企业十余家，还未有成功上市的案例。在风险投资和新创企业两个领域，该风险投资机构还没有形成显著的声誉和口碑……"。

### 5.4.3.3　结果分析与讨论

风险投资具有竞争强度高、市场集中化程度低和信息不透明的行业特征，投资者声誉在创业项目融资过程中就凸显其独特价值。实验四检验投资者声誉在预期落差与创业者融资意愿之间的调节作用，以实证观测投资者声誉是否成为创业者融资机制的关键权变因素。由于实验三以投资商榷函作为实验材料，因此被试是否认真阅读实验材料则成为后续实验开展的必要前提。研究介于被试阅读材料后与开展问卷前，先回答"您是否完整地阅读了投资商榷函"并以此作为被试甄选的依据，最终获得有效问卷106 份。研究采用 PROCESS 插件中的调节效应 MODEL1 并设置 5000 次样本对数据进行分析，结果表明，预期落差对创业者融资意愿具有显著负向影响（$\beta = -3.66$，$p < 0.05$，$95\% \, CI = [-6.45, \ -0.86]$），即投资额度的预期落差越大，创业者融资意愿越低；同时，投资者声誉与预期落差的交乘项对创业者融资意愿正相关且通过统计学的显著水平（$\beta = 2.17$，$p < 0.05$，$95\% \, CI = [0.29, 4.05]$）。这表明投资者声誉在自变量与因变量之间起到正向调节作用，即相比于低投资声誉，在预期落差且高投资声誉的投资人情境下的创业者的融资意愿更强，假设 7 得到检验，实验结果如图 5.9 所示。

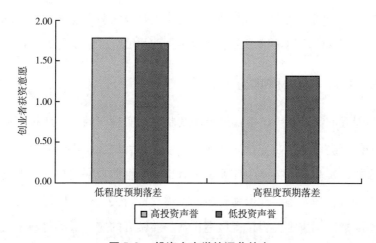

**图 5.9　投资人声誉的调节效应**

## 5.4.4　实验五：多元主体投资的调节效应

### 5.4.4.1　实验目的与实验设计

实验五目的在于探究创业者面对预期落差情境时，新创企业当前的多元主体投资情况是否影响创业者融资意愿，即在有多元主体投资的预期落差情境下以及在无多元主体投资的预期落差情境下，对创业者的融资决策产生何种影响。实验五是创业者融资机制的边界条件和调节作用的实验构成，将企业多元主体投资情况纳入研究是创业者对于新创企业当前生存和发展现状认知的重要依据。以此进一步结合实验四，将融资企业的未来发展和生存现状加以结合，从不同维度对创业者融资意愿加以讨论。实验五的实验操纵沿用预实验二提出的低程度和高程度预期落差作为创业者融资意愿的触发机制。因此，实验五采用2（低程度预期落差/高程度预期落差）×2（有多元主体投资/无多元主体投资）的组间实验，共形成四个分类水平（低程度预期落差—有多元主体投资/低程度预期落差—无多元主体投资/高程度预期落差—有多元主体投资/高程度预期落差—无多元主体投资）。实验五的流程是先将120位MBA学员被试随机分为四组，每组30人，被试分别观看低程度和高程度预期落差并包含多元主体投资情况的投资商榷函，阅读后请被试制定融资意愿决策并填写控制变量等信息。

### 5.4.4.2　实验材料与量表

实验五的预期落差情境操纵沿用实验三和实验四的文字版投资商榷函形式，投资决策和控制变量同样保持一致。与其他实验不同的是，为达到实验目的，实验五商榷函中均涉及了对于多元主体投资的描述，差异在于材料中具有无多元主体投资和有多元主体投资两类，被试阅读后将依据自身的实际情况，决定是否接受该笔投资。实验五的实验操纵材料中关于多元主体投资的两类描述如"……由于您的项目涉及教育、互联网和大数据等行业风口和热点，当前您的新创企业融资十分顺利。在该笔融资之前，您已成功得到三笔多元主体投资，能够支持企业进行较长时期的战略发展和迭代创新……"以及"……当前您的新创企业融资并不顺利，在洽谈的四家风险投资中，只有该风险投资人愿意为您出资，且由于当前是'投资寒冬'，投资人在进行投资决策时非常谨慎。因此，除该投资人外，可能短时间内再难以遇到合适的风险投资……"。

### 5.4.4.3 结果分析与讨论

多元主体投资可以减弱风险投资人由于企业内外部的不确定性以及信息不确定性所产生的系统性及非系统性风险，同时为新创企业带来财务资金、人力资本和关系资源。因此，实验五检验多元主体投资在预期落差与创业者融资意愿之间的调节作用，以实证观测多元主体投资在创业者融资机制的边界作用。同理于实验四，实验五仍然以投资商榷函作为实验材料，因此，被试是否认真阅读实验材料则成为后续实验开展的必要前提，研究中同样在被试阅读材料后且在开展问卷前，要求回答"您是否完整地阅读了投资商榷函"并以此作为被试甄选的依据，最终获得有效问卷 105 份。研究采用 PROCESS 插件中的调节效应 MODEL1 并设置 5000 次样本对数据进行分析，结果表明，预期落差对创业者融资意愿具有显著负向影响（$\beta = -3.46$，$p < 0.05$，$95\% \, \text{CI} = [-6.16, -0.77]$），即投资额度的预期落差越大，创业者融资意愿越低；同时，多元主体投资与预期落差的交乘项对创业者融资意愿正相关且通过了统计学的显著水平（$\beta = 1.84$，$p < 0.05$，$95\% \, \text{CI} = [0.14, 3.54]$）。这表明多元主体投资在自变量与因变量之间起到正向调节作用，即相比于有多元主体投资，在预期落差且无多元主体投资的情境下创业者的融资意愿更强，假设 8 得到检验，实验结果如图 5.10 所示。

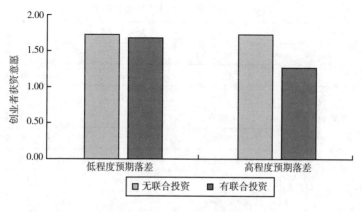

**图 5.10　多元主体投资的调节效应**

# 5.5　融资意愿机制的问卷检验与结果分析

为补充实验法研究内部效度较低的局限，本书同样采用问卷调查法对真实创业者融资意愿决策的假设 5 ~ 假设 8 进行检验，采用描述性统计分析、共同方法偏差分析、相关性分析和回归分析技术对假设进行检验。

## 5.5.1　样本描述性统计分析

对创业者融资机制的样本进行统计性描述分析，问卷调查部分对数据进行筛选，题目设置为"您是否完整地观看了投资商榷函"，填答准确的问卷被视为有效问卷。研究共通过线下和线上途径回收问卷 360 份，通过回收问卷的逐一核查和检验，将填答不认真以及非种子轮和天使轮且创办企业年限设置为 6 年内的创业者问卷排除，筛选后有效问卷为 257 份，有效回收率为 71.38%，问卷有效率处在合理范围内。针对有效问卷的样本数据，研究对受访者进行描述性统计分析，结果如表 5.10 所示。

**表 5.10　　　　　　　　融资决策机制的样本描述性统计分析**

| 特征 | 类别 | 人数（人） | 百分比（%） |
|---|---|---|---|
| 性别 | 男 | 159 | 61.86 |
| | 女 | 98 | 38.14 |
| 年龄 | 21 ~ 30 岁 | 71 | 27.62 |
| | 31 ~ 40 岁 | 161 | 62.64 |
| | 41 ~ 50 岁 | 25 | 9.74 |
| 受教育程度 | 高中及以下 | 6 | 2.33 |
| | 本科 | 199 | 77.43 |
| | 硕士研究生 | 48 | 18.67 |
| | 博士研究生 | 4 | 1.57 |

续表

| 特征 | 类别 | 人数（人） | 百分比（%） |
|------|------|-----------|------------|
| 创业年限 | 不足 1 年 | 74 | 28.79 |
| | 1~3 年 | 148 | 57.58 |
| | 4~6 年 | 35 | 13.63 |
| 企业类型 | 技术型 | 197 | 76.65 |
| | 非技术型 | 60 | 23.35 |

如表 5.10 所示，研究样本中男性占比更多为 61.86%；年龄层次以 21~30 岁和 31~40 岁占比最多，总占比 90.26%；受教育程度以本科为主，占比 77.43%；样本的创业年限以创办企业 1~3 年为最多，占比 57.58%；企业类型以技术型企业为主，总计占比 76.65%。总体上，创业者样本的人口统计学特征符合投资实际且服从正态分布，表明样本真实有效，具有一定的代表性。

## 5.5.2 共同方法偏差分析

研究对共同方法偏差进行检验，以明确数据的科学性。本书采用哈曼单因素方法对该数据进行检验，检验方法是将所有量表的题项同时纳入探索性因子分析，通过未旋转的因子分析结果分析，若存在某一个因子的解释力度占据了总解释力度的 50%，则说明数据存在比较严重的共同方法偏差问题。由于创业者融资意愿研究阶段只有调节焦点部分涉及量表，因此，本书将题项运用 SPSS21.0 进行探索性因子分析检验，KMO 值为 0.67，Bartlett 球形检验的近似卡方为 855.64，df 为 300，p = 0.00，所得到的第一个因子所占的贡献率为 19.11%，未占据超过一半的贡献率，表明数据不具有明显的共同方法偏差问题。

## 5.5.3 变量相关性分析

相关性分析主要用以反映变量之间的关系，同时也是本书进行数据回归分析的基础。因此，通过皮尔逊相关系数的检验，观测预期落差、创业者调节焦点、投资者声誉、多元主体投资和创业者融资意愿之间的相关系数。通过三组数据的相关系数来看，自变量预期落差与因变量创业者融资意愿的相关系数分别为 -0.18、-0.22 以及 -0.34，且均通过统计学显著性负相关检验。可见，相关性分析结果呈现变量之间具有一定程度的相关关系，为进一步的回归分析奠定了基础。

### 5.5.4 回归分析

回归分析通过真实创业者的问卷调查数据，对预期落差与创业者融资意愿的主效应和创业者调节焦点的调节效应进行检验。由于本书问题中创业者融资意愿以是否接受投资的二分变量加以分类，因此，本书采用二元 Logistic 回归对研究加以实证检验。实证前对量表进行信效度检验，Cronbach's $\alpha$ 值为 0.81，KMO 值为 0.77，Bartlett 球形检验的近似卡方为 677.39，$p = 0.000$，说明该量表具有良好的信度与效度。进一步分析，表 5.11 为主效应和创业者调节焦点的调节效应回归结果，将控制变量纳入模型 M1，结果显示控制变量对创业者融资意愿影响较小。依据徐淑英等提出的检验调节效应的方法对创业者调节焦点在预期落差和创业者融资意愿间的调节作用进行检验，模型 M2 结果表明预期落差对于创业者融资意愿具有显著负向影响（$\beta = -1.53$，$p < 0.1$），表明假设 5 得以验证通过。模型 M3 同时将自变量、调节变量和两者的交乘项引入回归方程，结果显示，预期落差与创业者调节焦点的交乘项对创业者融资意愿无显著相关关系。这与实验研究所得结论一致，再次验证假设 6 未得以验证。

表 5.11　　创业调节焦点调节效应的层级回归

| 被解释变量 | 创业者融资意愿 | | |
|---|---|---|---|
| | M1 | M2 | M3 |
| 性别 | 0.47 | 0.48 | 0.47 |
| 年龄 | -0.03 | -0.28 | -0.32 |

续表

| 被解释变量 | 创业者融资意愿 | | |
|---|---|---|---|
| | M1 | M2 | M3 |
| 受教育程度 | − 0.18 | − 0.19 | 0.11 |
| 创业年限 | − 0.44 | 0.31 | 0.33 |
| 创业企业规模 | 0.19 | 0.35 | 0.51 |
| 创业企业类型 | − 0.48 | − 0.45 | − 0.33 |
| 融资轮次 | 0.50 | 0.83 | 1.08 |
| 预期落差 | | − 1.53 * | − 1.59 ** |
| 创业者调节焦点 | | | − 0.92 |
| 交乘项 | | | − 2.35 |
| Cox& Snell R$^2$ | 0.04 | 0.08 | 0.13 |
| Nagelkerke R$^2$ | 0.05 | 0.11 | 0.17 |

注： *** 表示 $p < 0.01$， ** 表示 $p < 0.05$， * 表示 $p < 0.10$。

表 5.12 为投资者声誉的调节效应回归结果，将控制变量纳入模型 M1，结果显示控制变量对于创业者融资意愿影响较小。依据检验调节效应的方法对投资者声誉在预期落差和创业者融资意愿中的调节作用进行检验，模型 M2 结果表明预期落差对于创业者融资意愿具有显著负向影响（$\beta = -1.14$，$p < 0.05$）；模型 M3 同时将自变量、调节变量和两者的交乘项引入回归方程，结果显示预期落差对于创业者融资意愿具有显著负向影响（$\beta = -1.20$，$p < 0.05$），同时，预期落差与投资者声誉的交乘项对创业者融资意愿具有显著正相关关系（$\beta = 2.03$，$p < 0.1$），再次验证了假设 7，即投资者声誉在自变量与因变量之间起到正向调节作用，相比于低投资声誉，在预期落差且高投资声誉情境下的创业者融资意愿更强。

表 5.12　　　　　　　投资者声誉调节效应的层级回归

| 被解释变量 | 创业者融资意愿 | | |
|---|---|---|---|
| | M1 | M2 | M3 |
| 性别 | 0.34 | 0.35 | 0.33 |
| 年龄 | − 0.19 | − 0.24 | − 0.44 |

续表

| 被解释变量 | 创业者融资意愿 | | |
|---|---|---|---|
| | M1 | M2 | M3 |
| 受教育程度 | 0.69 | 0.41 | 0.36 |
| 创业年限 | 0.11 | − 0.17 | − 0.19 |
| 创业企业规模 | 0.06 | 0.19 | 0.37 |
| 创业企业类型 | 0.53 | 0.76 | 0.87 |
| 融资轮次 | 0.63 | 0.78 | 0.86 |
| 预期落差 | | − 1.14 ** | − 1.20 ** |
| 投资者声誉 | | | 0.19 |
| 交乘项 | | | 2.03 * |
| Cox& Snell $R^2$ | 0.04 | 0.10 | 0.14 |
| Nagelkerke $R^2$ | 0.06 | 0.13 | 0.19 |

注: *** 表示 $p < 0.01$ , ** 表示 $p < 0.05$ , * 表示 $p < 0.10$。

表 5.13 为多元主体投资的调节效应回归结果, 将控制变量纳入模型 M1, 结果显示控制变量对于创业者融资意愿影响较小。进一步对投资者声誉在预期落差和创业者融资意愿中的调节作用进行检验, 模型 M2 结果表明预期落差对于创业者融资意愿具有显著负向影响 ($\beta = -2.07$, $p < 0.05$); 模型 M3 同时将自变量、调节变量和两者的交乘项引入回归方程, 结果显示预期落差对于创业者融资意愿具有显著负向影响 ($\beta = -2.29$, $p < 0.01$), 同时, 预期落差与投资者声誉的交乘项对创业者融资意愿具有显著正相关关系 ($\beta = 2.71$, $p < 0.1$), 假设 8 再次得以验证。这表明多元主体投资在自变量与因变量之间起到正向调节作用, 即相比于有多元主体投资, 在预期落差且无多元主体投资的情境下创业者的融资意愿更强。

表 5.13 多元主体投资调节效应的层级回归

| 被解释变量 | 创业者融资意愿 | | |
|---|---|---|---|
| | M1 | M2 | M3 |
| 性别 | 0.41 | 0.42 | 0.47 |
| 年龄 | 0.70 | 0.82 | 0.78 |

续表

| 被解释变量 | 创业者融资意愿 | | |
|---|---|---|---|
| | M1 | M2 | M3 |
| 受教育程度 | 0.11 | −0.25 | −0.27 |
| 创业年限 | −0.16 | 0.18 | −0.23 |
| 创业企业规模 | 0.14 | −0.41 | −0.65 |
| 创业企业类型 | 0.28 | −0.36 | −0.20 |
| 融资轮次 | −0.41 | −0.66 | −0.65 |
| 预期落差 | | −2.07 ** | −2.29 *** |
| 多元主体投资 | | | 0.17 |
| 交乘项 | | | 2.71 * |
| Cox& Snell $R^2$ | 0.05 | 0.16 | 0.21 |
| Nagelkerke $R^2$ | 0.07 | 0.22 | 0.29 |

注：*** 表示 p < 0.01，** 表示 p < 0.05，* 表示 p < 0.10。

## 5.6　进一步讨论：情境调节焦点的作用

本书基于调节焦点理论及其延伸的调节匹配理论，对创业者在预期落差情境下融资意愿的边界条件进行了逻辑推演和理论假设，提出了假设6，即创业者调节焦点在预期落差与创业者融资意愿间起调节作用，相比于促进焦点创业者，防御焦点创业者在预期落差情境下融资意愿更强。通过MBA 学员和真实创业者的研究数据发现，该假设并没有得到现实情况的验证，研究对这一结果进行了更深入的讨论和分析。

调节焦点理论认为，个体在成长过程中，父母的教育方式对孩子的成长和调节焦点的形成产生重要影响，此类调节焦点称为特质调节焦点，具有较为长期的特征和较为广泛的普适性（Johnson et al.，2015）。本书第一阶段的研究就是通过观测创业者和投资人的特质调节焦点的匹配对投资人认知、情绪以及投资决策的深刻影响。原因在于，创业融资的路演过程和风险投资的投资决策都是创业者和投资人自身意志的集中表达，蕴含着个体行为动机的驱动效应机制。因此，如何介绍和阐释创业项目以及是否投资和投资额度都受到创业者和投资人特质调节焦点的影响。

调节焦点理论还认为，个体调节焦点的发展和形成不仅包含特质调节焦点，同时还呈现出情境调节焦点的独特作用（Crowe and Higgins，1997）。情境调节焦点（situational regulatory focus）是指个体当时所在的环境和任务情境的诱发所形成的短期和即时的调节焦点倾向，是一种状态情境变量（Higgins，1997；Manczak et al.，2014）。情境调节焦点的激活和作用机制需要一定的诱发，强调成功和理想的结果状态会构建获得—无获得情境，诱发个体的促进调节焦点；强调责任和安全的结果状态则会诱发情境防御调节焦点，构建了损失—无损失情境，从而实现防御调节焦点的诱发。情境调节焦点的重要作用已经逐步得到学者的认知和重视，例如，刘景江等（2014）通过实验研究发现，情境调节焦点是技术创业决策的关键前置因素，情境促进调节焦点与探索型技术创业决策显著正相关，情境防御调节焦点则推动应用型技术创业的形成；罗尼特和迪娜（Ronit and Dina，2007）研究发现，特质防御焦点的员工在情境防御焦点的环境中与工作绩效显著正相关，而在情境促进焦点的环境中与工作绩效则呈显著负相关关系。李圭泉等（2014）学者的实证研究表明，当个体的特质促进调节焦点与关注创新的促进情境匹配时，会增强其知识共享行为；特质防御焦点的个体在亲密氛围浓烈的防御调节焦点情境下，与知识共享行为正相关，以上研究均在一定程度上说明情境调节焦点的关键作用。

在战略研究和创业研究中，情境调节焦点同样起着重要的作用，体现在创业者所在的创业情境和社会文化等方面。因此，创业者调节焦点在总体稳定的情况下，也会随特定情境的变化而发生改变。根据调节焦点理论中情境调节焦点的论述，创业者在促进焦点情境，例如，在宽容失败和容错机制完善的氛围中，创业过程中的有利信息呈现放大效应，创业者将处于获得性框架，以积极方式对创业行为加以解读，更多地采取快速的认知加工模式处理创业信息，加强了创业者的愉悦情绪，其风险倾向也随之显著提高。情境防御焦点与促进焦点对于创业者的行为具有显著的系统性差异，在情境防御焦点情境下，创业者面对创业决策，先考虑创业战略的风险性和不确定性，为了确保创业战略的正确制定，防御焦点创业者会放大创业情境的消极信息，例如，在失败成本陡增和创新机制薄弱的损失框架中，创业过程中的规避属性进一步强化，信息加工模式更为精细，对创业环境解读更为谨慎，使得创业者的风险倾向显著降低。本书的第二阶段主要探讨了创业者面对预期落差的融资意愿。现有研究表明，人类行为是基于反馈的信息对决策行为加以调整，决策者在制定决策方案和落实决策行动时，也并非完全遵循利润最大化的基本原则，而是依据当下的实际状况与预期状况之间的差异来权衡是否获得成功或者是否处于有利局面等。根据调节焦点理论，创业者面对与自身预期数额具有落差的实际融资额度，呈现出损失和消极的情境诱因，进而激活了创业者的防御调节焦点，导致特质调节焦点难以发挥作用。因此，本书中所提"创业者调节焦点在预期落差与创业者融资意愿间起调节作用"这一假设未得到支持和验证。

# 第 6 章

## 结论与讨论

本章在总结本书研究的基础上，对研究结论进行概括和提升，提炼出可能的创新点以及对理论和实践的贡献和启示，最后指出本书研究的不足以及展望未来可能的研究方向。

## 6.1　主要结论

本书立足创业实践，紧扣时代主题，基于调节焦点理论、认知—情感个性系统理论和前景理论探究了创业者—投资人调节焦点匹配对投资人投资决策的影响，进而在此决策基础上讨论创业者面对预期落差的融资意愿。通过所设计的情景实验法对 MBA 学员被试进行内在因果逻辑的建立，并通过真实的创业者和投资人的问卷调查数据验证其结论的普适性和科学性。具体而言，本书的研究结论体现在以下四个方面。

第一，创业者—投资人调节焦点匹配成为投资人投资决策的驱动因素。

创业作为推动现代社会发展的驱动力量，被认为是促进区域经济持续发展的不竭动力和源泉。但是新创企业囿于较高的不确定性和新进入劣势，难以通过传统的融资渠道获得用以生存和发展的资金支持。理论界和实践界普遍认同，资金缺乏是新创企业创立和发展的独特瓶颈。然而风险投资在新创企业的融资过程中体现出独特优势，不仅提供正式融资渠道所具备的资金支持，同时提供创业咨询和管理等传统融资渠道难以提供的知识和技能，深受新创企业和创业者青睐。因此，新创企业和风险投资的相关研究受到学者的高度重视，已有研究试图回答的核心研究问题是"风险投资人和风险投资机构挑选被投企业的标准"，其主要思路是分别从创业者视角和投资人视角观测投资决策的内生机制，主要聚焦于创业者特征以及风险投资人特征等因素对风险投资决策的影响。本书突破单边视角，从投资人和创业者双边互动视角出发，基于调节焦点理论这一重要动机理论，考察创业者—投资人调节焦点匹配对投资人投资意愿和投资数额的影响，结果表明，两者的调节焦点匹配是投资人投资决策的驱动因素，其显著增强了投资人的投资意愿并显著提高投资额度。

第二，情绪体验和认知风格的非对称互动机制。

本书不仅关注创业者—投资人调节焦点匹配对风险投资决策的理论推演和实证结论，还在此基础上超越单纯对两者关系进行讨论的局限，进一步基于认知—情感个性系统理论对两者间的中介机制加以挖掘。本书研究剖析创业者和风险投资人调节焦点匹配模式所形成的不同信息处理方式和编码过程，更深层次讨论所形成的具有差异性的认知系统和情感系统的作用机制，更进一步地提炼投资决策过程中的关键微观机制。中介效应检验通过实验研究和问卷调查的实证研究方法表明，情绪体验是创业者—投资人调节焦点匹配和投资人投资决策的中介机制，而认知风格未成为两者间的中介变量。进一步分析与讨论发现，认知风格仅仅由投资人调节焦点影响，具有相对稳定性，难以通过投资人和创业者的互动轻易发生改变，而情绪体验则由创业者的调节焦点影响，具有相对传染性，较易受到投资人和创业者的互动发生转移，进而认知风格和情绪体验在投资人投资决策过程中呈现非对称性互动机制。

第三，中国情境下政策导向的重要调节作用。

作为转型经济和新兴经济的典型代表，中国的发展过程经历了深远的历史变革，相互碰撞的制度情境、市场情境和文化情境要素的分析成为创业领域研究的重要因素。在创业研究领域，制度是最为重要且关键的因素，制度研究关注的基本问题就是制度如何影响创业行为。中国情境下的制度环境主要呈现制度不完善和稳定性不足的显著特征，使得新创企业在创建和运营过程中，面临制度真空的不利局面。同时，制度环境的动态变革也驱使地区异质性波动明显，机会主义行为涌现。在新创企业所在的制度环境中，政府起着至关重要的作用，原因在于政府可以为新创企业的创立和成长提供所需的稀缺和战略资源，并且通过出台相应的产业政策和行业法规来引导经济活动的开展和市场资源的配置，还可以通过政企联合的多种合作形式深刻影响市场结构和企业竞争格局（Hillman and Wan，2005）。因此，本书将政策导向作为投资人投资决策的边界条件，观测中国情境下正式制度和非正式制度对于风险投资的重要作用，即实证检验政策导向在创业者—投资人调节焦点匹配与投资人投资决策之间的调节效应。结果表明，政策导向存在正向调节作用，其在投资决策过程中扮演重要的角色。

第四，基于前景理论的创业者融资意愿决策及其补偿机制。

创业领域中关于风险投资的相关研究往往以"投资人注资"作为研究终点，并强调投资对于新创企业战略制定和创业绩效的重要作用，然而现实的风险投资实践不止于此。创业者在融资时会通过创业项目的预期收益和新创企业的估值，期望获得一定数额的风险投资，而投资人往往通过追求自身利益的经济理性和委托代理的固定成本等因素，对投资数额进行重新商榷，从而出现对于风险投资数额的预期落差，此时会出现部分创业者接受投资注入，部分创业者拒绝融资。现有研究还未对此现象产生足够重视，使得研究难以全面解释风险投资的动态过程和逻辑链条，忽视创业者在风险投资过程中的主体作用和能动性。本书基于前景理论考察创业者面对差异化预期落差情境下的融资意愿，并探究对于预期落差可能的补偿机制的边界作用，即讨论创业者调节焦点、投资者声誉和多元主体投资的调节作用。通过情景实验和问卷调查的实证研究方法，结果表明风险投资额度预期落差越大，创业者融资意愿越低；创业者调节焦点在预期落差和创业者融资意愿之间调节效应不显著，但是通过进一步分析和讨论，预期落差形成了情境调节焦点进而影响了创业者的融资意愿；而投资者声誉和多元主体投资两者在预期落差和创业者融资意愿间的调节效应成立，两者均是预期落差情境下创业者融资的有效补偿机制。

## 6.2　创新点和理论贡献

本书立足国内外学术研究前沿理论和成果，基于管理学、心理学和行为科学等多学科理论探讨创业者和投资人双边互动视角下的新创企业风险投资的内在机制逻辑，研究过程力求理论创新和实践应用并重，并努力在现有文献成果基础上有所突破，助力创业领域和风险投资领域相关研究的深化。基于本书所得结论，创新点和理论贡献体现在以下三个方面。

第一，拓展调节焦点视角下投融资决策机制的前置因素体系。

风险投资对新创企业的绩效与发展具有至关重要的作用（Timmons and Bygrave，1986），已有文献对风险投资与新创企业的决策过程进行剖析和探讨，主要聚焦于投资决策过程中风险投资人选择新创企业的决策标准，所得成果主要集中于创业者或投资人的性别、教育背景和行业经验等人口统计学特征以及路演过程中的激情传达、商业计划书和创业准备等外显化特征。然而，投资人所制定的投资决策是其自身意志的集中表达，其决策过程遵循着趋利避害的心理特征和原生动力。投资决策行为的产生源于个体自我调节的动机过程，实则是投资人内生的调节焦点的驱动效应和结果（黎坚等，2011；常涛和周苗，2016）。本书基于调节焦点理论这一重要的动机理论，关注被极大低估甚至忽视的风险投资人调节焦点这一动机成因在投资过程中的关键驱动作用。从调节焦点这一视角出发深入分析风险投资决策的微观机制，不仅考察投资人制定投资决策的特定方式，同时解释其行为的内在动机，使得研究更有效地贴合创业实践。本书通过剥离投资人和创业者投融资决策过程中的调节焦点作用机制，在更细致和精确的层面上解释了动机因素如何影响以及影响投融资决策的哪些环节，从而为动机对创业行为的影响找到了更为直接且强劲的解释途径。本书所得结论也支持了调节焦点理论为更好地理解创业行为提供了有潜力的框架这一重要观点，明确调节焦点是风险投资决策潜在的驱动因素，有助于丰富调节焦点理论的研究范畴，并拓展风险投资决策的前置因素体系。

第二，提供双边视角下创业者—投资人互动机制的研究思路。

风险投资决策被认为是投资行为的开端，投资人的投资意愿和投资数额会直接影响新创企业的生存成长和持续发展。实践界和理论界均意识到风险投资的重要作用并对其开展相应研究，系列成果往往基于投资者视角考察创业者或基于创业者视角找寻投资人，形成单边主义研究范式，对影响风险投资决策的因素加以探讨。然而风险资金的获取过程涉及资金提供者（风险投资人）和资金需求者（创业者）两个行为主体，也是两者利益交换和互动的重要阶段，但是利益相关者在资源交换过程中扮演的重要角色往往被研究者忽视（刘志阳和许莉萍，2020）。本书突破性地将创业者—投资人两个本就密不可分的主体加以结合，采用双边互动视角对两者内在动机的匹配情况加以分析，并讨论其对投资人投资决策的影响，不仅克服了以往研究仅从单一视角考察风险投资决策的不足，也响应了拉纳吉（Lanaj，2012）等基于匹配视角考察调节焦点效应的呼吁。同时，本书将调节匹配理论应用于风险投资领域，进一步丰富和完善了动机理论的研究范畴，在一定意义上揭示多主体人类行为决策背后的动机机制。为适配研究主题，本书在研究方法的选择上也较为新颖地采用情景实验法和问卷调查法相结合的方式，以保证内部效度和外部效度，加强研究的科学性和严谨性，同时也为行为决策研究的研究方法和研究范式提供新的研究思路。

第三，补充预期落差情境下创业者融资决策机制的理论缺口。

已有的风险研究重点关注投资人如何选择被投新创企业以及投资对于新创企业成长和绩效的影响，即遵循前因（影响因素）—行为（投资决策）—结果（投资绩效）的逻辑链条，更为强调创业者如何获得投资以及投资对于新创企业成长和绩效的重要性，然而在现实的投资决策实践中并不完全依赖这一逻辑链条。具体而言，在投资人制定投资决策后，创业者会因投资额度所产生的预期落差而选择接受或拒绝风险投资。虽然投资情境中的信息是客观的，但是创业者如何评估和解读信息从而形成不同的融资意愿却更为主观。与其他创业决策相似，创业者融资决策也是创业者在有效利用投融双方信息的基础上，对投资额度进行评估并作出决策的过程。本书对创业者是否愿意获得资金的情况予以关注和重视，体现出创业者在风险投资过程中的主体性和能动性。此外，本书还对创业者差异化融资意愿的调节作用和边界作用予以探讨，构建了预期落差的补偿机制。对于创业者融资意愿的研究不仅延长投资决策过程的内在逻辑机制，而且填补了投资者与创业者双边互动的理论解释，是对已有文献的重要补充，强化和丰富了风险投资脉络的研究。同时，本书对于预期落差补偿机制的概念在风险投资领域具有其特殊性，在其他领域也同样具有普适性，因此，本书关于前景理论和预期落差的相关研究结论背后所蕴含的规律也可对一般决策情境予以启示。

## 6.3 实践启示

首先，在风险投资互动过程中，无论是投资人的投资决策或是创业者的融资决策，均会受到自身调节焦点的动机驱动作用，科学地认识调节焦点的重要作用对于风险投资主体具有十分重要的影响。促进调节焦点和防御调节焦点的区别体现在差异化的行为偏好和行动倾向方面，促进焦点个体更关注理想和愿望的实现，而防御焦点个体则强调责任和义务的履行。因此，创业者调节焦点会影响其所创立的新创企业类型和风险投资的路演风格。换言之，选择冒险的创业类型或者保守的创业类型，以及确定激情的路演方式还是沉稳的路演方式，都体现出创业者不同的调节焦点。创业者应该科学认识并重视调节焦点这一动机构念的关键作用，结合自身的调

*133*

节焦点制定不同的风险投资路演战略，从而有效提升风险投资过程中的自我效能感，达成自我价值的目标成就，同时，应该去寻找与自身调节焦点相匹配的风险投资人，提升创业者和投资人对所从事的风险投资以及后续创业活动的个人价值和社会价值感知。

其次，本书表明创业者—投资人调节焦点匹配是投资人投资意愿和投资数额决策的重要驱动因素，进而对其中的内在机制加以分析，发现投资人情绪体验是其中的重要中介机制，投资人的认知风格并非其中介机制。通过进一步分析发现，投资人情绪体验是由风险投资路演过程中的创业者情绪传染机制诱发，而投资人认知风格则是由风险投资路演过程中的投资人稳定机制维持，从而形成了非对称性的认知—情绪中介机制。这就要求投资人在制定投资决策过程中，时刻关注自身的启发式或分析式认知风格以及积极或消极的情绪体验，其直接影响着投资人投资决策的制定。此外，投资人应该关注中国独特的政策导向和制度情境对创业项目的促进作用，同时，理性分析创业项目的未来预期和盈利能力，避免落入一叶障目的窘境而导致投资失败。在创业项目后期的管理和扶持阶段，也可以积极利用政策导向的有利局面为新创企业争取更为优渥的成长土壤和更为广阔的成长空间。

最后，创业者面对投资人较低的投资额度决策，往往因与预期额度的差异而选择拒绝风险投资。这就要求创业者理性分析所形成的预期落差情境与自身调节焦点所形成的动机偏差，深入把握当前的损失情境并谨慎作出相应的融资决策。同时，本书研究挖掘了投资者声誉和创业项目的多元主体投资对于预期落差的有效补偿机制，使得创业者面对预期落差的融资决策产生异质性的转变甚至产生扭转效应。这也就驱动创业者在吸纳风险投资的过程中，多渠道地甄别风险投资人和风险投资机构的声誉，以弱化市场风险和不确定性并有效地向市场释放和传递积极信号。同时，创业者也应积极寻求多元主体投资并将其控制在合理区间范围内，使得多投资主体为新创企业提供创业资金、人力资源和知识资本等，助力新创企业获得可持续竞争优势并实现长足发展。

# 6.4 局限性与未来展望

尽管本书通过理论推演和实证检验得到了一些富有启发性的结论，并且对于相关理论和管理实践具有一定的贡献和启示，然而仍然具有研究的局限性和不足，并以此对未来的研究方向提出展望。

第一，本书情景实验法和问卷调查法的数据主要依托于线下调研和网络调研两种形式，尽管已经较为全面地考虑了行业和地区的平衡并保证随机性，但是样本仍然不能完整地代表风险投资的总体情况，同时数据以实验设计为依托，具有纯化实验的局限性。因此，未来的研究数据来源可以采用多渠道多元化的数据收集方式，例如深入风险投资机构进行田野调查、参与创新创业大赛和创业者路演等现场收集数据形式，也可以采用风险投资节目中对真实的创业者和投资人互动进行编码以获得二手数据。

第二，本书关于第一阶段的投资人投资决策机制研究中，自变量设置为创业者—投资人调节焦点匹配，因变量设置为投资人投资决策并细分为投资意愿（是否投资）和投资额度（投资多少）。如此设置可以最大限度说明主体匹配对投资人投资决策的影响，但是匹配涉及基于差异化视角的多层面匹配，投资决策同样是一个多维度构念，其中包含着更为立体化的架构。受限于研究精力和篇幅的限制，本书未对其进行深入探讨。未来的研究可以扩展其他变量间的匹配以及投资决策的更多维度，例如讨论创业者—投资人调节焦点匹配对于投资决策速度的影响、创业者—投资人五大人格一致性对投资行业的偏好影响等。

第三，本书不仅讨论了投资人投资机制的内在逻辑，同时将研究链条扩展至创业者融资意愿的决策机制，对已有文献起到了重要的补充作用，强化和丰富了风险投资脉络的研究，也更为贴合真实的风险投资实践。然而风险投资是一个复杂的动态过程，投资阶段同样远不止研究中涉及的两个主体部分，其中还包含创业者和投资人的商榷阶段以及最终控制权和投资额度配比的确定阶段等。未来的研究可以采用更为多样的研究方法，继续尝试延长风险投资的研究链条，例如采用访谈法和案例分析法对创业者和投资人的互动过程进行更为细致地剥离，或者采用问卷调查观测决策质量等，以期实现进一步完善风险投资相关研究的目的。

# 附 录

## 附录 A  投资人投资决策调查问卷

尊敬的先生/女士：

您好！非常感谢您在百忙之中填答这份问卷。

本调查问卷仅用于学术研究，内容不会涉及您的隐私，我们会对问卷内容严格保密，问卷填答的信息不会用作任何商业行为。请您花费大约十分钟时间观看创业者路演视频并填写问卷，填写的答案无对错之分，请您放心并客观地回答问卷的问题，非常感谢您的参与和帮助！

第一部分  请您判断以下描述在多大程度符合您的情况，备选答案中有 7 个级别等级，其中 1 表示"非常不同意"，4 表示"一般"，7 表示"非常同意"，请选出最能反映您真实情况的选项。

| 题项 | 非常不同意 | 不同意 | 比较不同意 | 一般 | 比较同意 | 同意 | 非常同意 |
|---|---|---|---|---|---|---|---|
| 我时常设想如何才能实现自己的愿望和抱负 | | | | | | | |
| 我常常想象自己身上会发生一些我盼望发生的好事 | | | | | | | |
| 我常常设想自己未来想要变成的某种样子 | | | | | | | |
| 我常常考虑怎样才能让自己获得预期的成功 | | | | | | | |

续表

| 题项 | 非常不同意 | 不同意 | 比较不同意 | 一般 | 比较同意 | 同意 | 非常同意 |
|---|---|---|---|---|---|---|---|
| 我目前学习的主要目标就是实现人生抱负 | | | | | | | |
| 一般而言，生活中我更关注于对积极结果的追求 | | | | | | | |
| 我通常更关注于自己所期望的未来潜在的成功 | | | | | | | |
| 总体来说，我更倾向于实现成功，而不倾向于防止失败 | | | | | | | |
| 我认为自己是一个致力于实现"理想自我"的人——不断努力地实现自己的期望、心愿和抱负 | | | | | | | |
| 该题目为注意力测试，请填写"一般"选项 | | | | | | | |
| 一般而言，生活中我更注重对消极事件的预防 | | | | | | | |
| 我很担忧自己没能很好地履行应尽的职责和义务 | | | | | | | |
| 我常常告诫自己未来不能变成某种样子 | | | | | | | |
| 我目前学习的主要目标就是避免生活过得很失败 | | | | | | | |
| 我常常担心自己不能实现预期的学习目标 | | | | | | | |
| 我常常会想到自己身上可能将发生的不好的事情 | | | | | | | |
| 我经常考虑怎样才能在生活中避免失败 | | | | | | | |
| 我更倾向于预防损失，而不倾向于实现收获 | | | | | | | |
| 我认为自己是一个致力于实现"责任自我"的人——不断努力地实现自己应承担的职责、责任和义务 | | | | | | | |

第二部分　观看视频并回答问题。

请您首先观看长约 1 分 45 秒的创业者路演视频，然后回答问题。

1. 您是否完整观看了创业者路演视频：□ 否　　□ 是

2. 该创业项目的名字：□ 共享晚年　□ 图书世界　□ 与琴为伴

3. 看完这则创业路演视频，您是否想投资该项目：□ 否　　□ 是

4. 您想投资该项目的额度（假设您有 2000 万元自有资金）：

□ 0　□ 100 万元　□ 200 万元　□ 300 万元　□ 400 万元　□ 500 万元

5. 请您回忆您观看视频时的情绪体验，然后回答您在多大程度上同意以下观点。备选答案中有 7 个级别等级，其中 1 表示"非常不同意"，4 表示"一般"，7 表示"非常同意"，请选出最能反映您真实情况的选项。

| 题项 | 非常不同意 | 不同意 | 比较不同意 | 一般 | 比较同意 | 同意 | 非常同意 |
|---|---|---|---|---|---|---|---|
| 放松 | | | | | | | |
| 快乐 | | | | | | | |
| 愉快 | | | | | | | |
| 紧张 | | | | | | | |
| 平静 | | | | | | | |
| 满意 | | | | | | | |
| 焦虑 | | | | | | | |
| 积极 | | | | | | | |

6. 请您根据您当下的理解回答下面三个问题。

（1）有 100 名学生申请了兼职工作。其中 15 名人文专业的学生，85 名理工专业的学生。迈克是 100 名申请兼职工作的学生中的一名。他的名字是由计算机在 100 名学生中随机挑选出来的。迈克今年 23 岁，喜欢旅游，学习成绩优秀。他的爱好是：文学诗歌和现代艺术。下列哪种情景更有可能：

□ 迈克是人文专业的学生　□ 迈克是理工专业的学生

（2）一家化妆品公司正着手上市一条新的产品线。营销部门为尽快开始该产品的促销。他们有两个选择：把所有促销准备活动交给一家大的公关公司进行，该公关公司按时完成任务的概率是 60%；也可以把所有促销准备活动分拆给两家较小的公关公司进行，这两家公关公司按时完成所分配到的任务的概率分别是 80%、70%。只有当促销活动完成后，营销部门才能开展新产品生产。化妆品店应该：

□ 将促销活动交由大公司进行　□ 将促销活动交由小公司进行

（3）伊莱恩在电视购物上看中两套信封，她想购买其中一套信封。第一套共包含 100 个信封，其中 21 个信封中附带一张价值 5000 美元的奖券；第二套共包含 10 个信封，其中 2 个信封中附带了一张价值 5000 美元的奖券。伊莱恩应该怎么选择：

□ 购买第一套信封　　□ 购买第二套信封

第三部分　基本信息（投资人版本）。

1. 您的性别：□ 男　□ 女

2. 您的年龄：□ 20 岁及以下　□ 21～30 岁　□ 31～40 岁　□ 41～50 岁　□ 50 岁以上

3. 您的受教育程度：□ 高中及以下　□ 本科　□ 硕士研究生　□ 博士研究生

4. 您是否曾有创业经历：□ 无　□ 有

5. 您从事风险投资年限：□ 不足 1 年　□ 1～4 年　□ 5～8 年　□ 9 年及以上

第四部分　基本信息（MBA 学生版本）。

1. 您的性别：□ 男　□ 女

2. 您的年龄：□ 20 岁及以下　□ 21～30 岁　□ 31～40 岁　□ 41～50 岁　□ 50 岁以上

3. 您是否曾有创业经历：□ 无　□ 有

4. 您是否有过为创业项目的投资经历：□ 无　□ 有

# 附录 B　创业者路演视频演讲稿

### （一）促进调节焦点创业者路演视频

投资人好，我是"与琴为伴"创业项目的创业者。今天想向您介绍和展示我的创业项目。与琴为伴，顾名思义，就是一款有效实现时下钢琴学习和教学过程中智能升级消费需求和渴望的产品。怎样才能提升钢琴的教学质量？怎样在回家自主练琴的过程中实现效果的改善？我们很了解，对于学生而言，弹音正确和完美手型是理想的学琴目标。而我们的产品通过软硬件结合的方式，给 B 端机构、钢琴琴行、钢琴学生等主体赋能，通过使用我们的产品，学生能够大幅提高学习兴趣和练琴质量，家长能够快速抽身于陪练的痛苦。我们的产品团队来自华为和雅马哈等科技型企业的研发机构，在音乐教育、移动互联网和消费智能硬件上不仅具有全套设计方案，还有丰富的研发制造与销售经验。我的创业理念是，跨越式发展是成功创业的关键。我的优点是，为了实现我的目标，我会坚持我的雄心壮志，因为我认为创业是实现我人生梦想的唯一方式。我们的产品是现有市场完全忽略的空白，也是当前唯一的在线音乐教学产品，消费群体无比广阔，盈利能力难以估量。所以，为了实现我的目标，我会选择不拘泥于细节，大胆创新，这样才能专注于未来的成就。我们目前希望融资 500 万元人民币，出让 10% 的股份。

### （二）防御调节焦点创业者路演视频

投资人好，我是"与琴为伴"创业项目的创业者。今天想向您介绍和展示我的创业项目。与琴为伴，顾名思义，就是一款有效解决时下钢琴学习和教学过程中所遇到的问题和消费痛点的产品。怎样才能保证钢琴学习的学习质量？怎样在回家自主练琴的过程中确保练琴效果？我们很了解，家长最担心的以及钢琴学习最重要的就是孩子钢琴演奏的准确性，弹错音和手型不对是钢琴学生必须避免的情况。而我们的产品通过软硬件结合的方式，给 B 端机构、钢琴琴行、钢琴学生等主体赋能，通过使用我们的产品，学生能够保证学习兴趣和练琴质量，家长也能够避免陪练的焦虑。我们的产品团队来自华为和雅马哈等科技企业的研发机构，在音乐教育、移动互联网和消费智能硬件上不仅具有全套设计方案，还有丰富的研发制造与销售经验。我的创业理念是，新创企业的生存是成功创业的关键，我非常重视稳扎稳打，一点一点地实现目标，我们的产品是现有市场产品的整合和迭代，消费群体相对广阔，盈利能力相对稳定。我的优点是有很强的责任感，我作为创业者必须对我的员工和我的企业负责任，不能盲目追求新颖和理想而脱离实际。所以，为了实现我的目标，我会更加注重"与琴为伴"企业生存过程中的细节和战略的选择。我们目前希望融资 500 万元人民币，出让 10% 的股份。

### （三）促进调节焦点创业者附带政策导向的路演视频

投资人好，我是"与琴为伴"创业项目的创业者。今天想向您介绍和展示我的创业项目。与琴为伴，顾名思义，就是一款有效实现时下钢琴学习和教学过程中智能升级消费需求和渴望的产品。怎样才能提升钢琴的教学质量？怎样在回家自主练琴的过程中实现效果的改善？我们很了解，对于学生而言，弹音正确和完美手型是理想的学琴目标。而我们的产品通过软硬件结合的方式，给 B 端机构、钢琴琴行、钢琴学生等主体赋能，通过使用我们的产品，学生能够大幅提高学习兴趣和练琴质量，家长能够快速抽身于陪练的痛苦。我们的产品团队来自华为和雅马哈等科技型企业的研发机构，在音乐教育、移动互联网和消费智能硬件上不仅具有全套设计方案，还有丰富的研发制造与销售经验。我的创业理念是，跨越式发展是成功创业的关键。我的优点是，为了实现我的目标，我会坚持我的雄心壮志，因为我认为创业是实现我人生梦想的唯一方式。我们的产品是现有市场完全忽略的空白，也是当前唯一的在线音乐教学产品，消费群体无比广阔，盈利能力难以估量。所以，为了实现我的目标，我会选择不拘泥于细节，大胆创新，这样才能专注于未来的成就。另外，我所在的城市正在打造"音乐花园"的城市品牌，因此，政府对于我们的创业项目十分重视，也实现了该项目与我市政府之间的对接与合作，文化部门的相关领导也为企业提供资金、人员和发展等方面的支持。我们目前希望融资 500 万元人民币，出让 10% 的股份。

**（四）防御调节焦点创业者附带政策导向的路演视频**

投资人好，我是"与琴为伴"创业项目的创业者。今天想向您介绍和展示我的创业项目。与琴为伴，顾名思义，就是一款有效解决时下钢琴学习和教学过程中所遇到的问题和消费痛点的产品。怎样才能保证钢琴学习的学习质量？怎样在回家自主练琴的过程中确保练琴效果？我们很了解，家长最担心的以及钢琴学习最重要的就是孩子钢琴演奏的准确性，弹错音和手型不对是钢琴学生必须避免的情况。而我们的产品通过软硬件结合的方式，给 B 端机构、钢琴琴行、钢琴学生等主体赋能，通过使用我们的产品，学生能够保证学习兴趣和练琴质量，家长也能够避免陪练的焦虑。我们的产品团队来自华为和雅马哈等科技企业的研发机构，在音乐教育、移动互联网和消费智能硬件上不仅具有全套设计方案，还有丰富的研发制造与销售经验。我的创业理念是，新创企业的生存是成功创业的关键，我非常重视稳扎稳打，一点一点地实现目标，我们的产品是现有市场产品的整合和迭代，消费群体相对广阔，盈利能力相对稳定。我的优点是有很强的责任感，我作为创业者必须对我的员工和我的企业负责任，不能盲目追求新颖和理想而脱离实际。所以，为了实现我的目标，我会更加注重"与琴为伴"企业生存过程中的细节和战略的选择。另外，我所在的城市正在打造"音乐花园"的城市品牌，因此，政府对于我们的创业项目十分重视，也实现了该项目与我市政府之间的对接与合作，文化部门的相关领导也为企业提供资金、人员和发展等方面的支持。我们目前希望融资 500 万元人民币，出让 10% 的股份。

# 附录 C　创业者融资意愿决策调查问卷

尊敬的先生/女士：

您好！非常感谢您在百忙之中填答这份问卷。

本调查问卷仅用于学术研究，内容不会涉及您的隐私，我们会对问卷内容严格保密，问卷填答的信息不会用作任何商业行为。请您花费大约十分钟时间阅读投资商榷函并填写问卷，填写的答案无对错之分，请您放心并客观地回答问卷的问题，非常感谢您的参与和帮助！

第一部分　请先阅读投资商榷函并回答问题（由于采取实验研究方法，因此将不同的实验条件进行横向罗列）。

## 预期落差

### （一）低程度预期落差

"与琴为伴"创业项目的创业者：

您好！我是对接您创业项目的风险投资人。根据您提供给我的商业计划书和创业路演介绍，我对您的创业项目有了比较深入的了解。根据我的认知，您的创业项目是针对当前钢琴学习存在的"课后练琴难度大""钢琴教师课酬高""演奏问题难识别"等行业痛点所开展的线上自主钢琴学习项目，通过传统钢琴理论、互联网思维和大数据分析等途径的整合顺利地实现钢琴学习。该项目具有比较好的市场前景和消费受众，我准备投资该项目，但是项目仍具有以下问题有待商榷。

第一，商业模式不清晰。该项目如何提升消费者的付费意愿是制约其发展和规模效益的重要因素，因此，可能需要我的团队与贵创业者共同设计更为清晰的商业模式。

第二，项目门槛有待提高。该项目仅仅实现了钢琴教学和互联网的有机整合，但是如何做到难以被其他大型教育机构等复制，则需要我们更为细致地思考独特的竞争优势。

结合以上两点，我会将您的拟投资额度 500 万元出让 10% 的股份（企业估值 5000 万元），下调为 400 万元出让 10% 的股份（企业估值 4000 万元）。请您慎重考虑是否接受该笔投资。

### （二）高程度预期落差

"与琴为伴"创业项目的创业者：

您好！我是对接您创业项目的风险投资人。根据您提供给我的商业计划书和创业路演介绍，我对您的创业项目有了比较深入的了解。根据我的认知，您的创业项目是针对当前钢琴学习存在的"课后练琴难度大""钢琴教师课酬高""演奏问题难识别"等行业痛点所开展的线上自主钢琴学习项目，通过传统钢琴理论、互联网思维和大数据分析等途径的整合顺利地实现钢琴学习。该项目具有比较好的市场前景和消费受众，我准备投资该项目，但是项目仍具有以下问题有待商榷。

第一，商业模式不清晰。该项目如何提升消费者的付费意愿是制约其发展和规模效益的重要因素，因此，可能需要我团队与贵创业者共同设计更为清晰的商业模式。

第二，项目门槛有待提高。该项目仅仅实现了钢琴教学和互联网的有机整合，但是如何做到难以被其他大型教育机构等复制，则需要我们更为细致地思考独特的竞争优势。

结合以上两点，我们会将您的拟投资额度 500 万元出让 10% 的股份（企业估值 5000 万元），下调为 240 万元出让 10% 的股份（企业估值 2400 万元）。请您慎重考虑是否接受该笔投资。

# 投资人声誉

## （一）高投资人声誉

该投资人隶属于风险投资领域的顶尖团队，其带领的团队已经成功投资新创企业 30 余家，并实现成功上市十余家。在风险投资和新创企业两个领域，均具有良好的声誉和口碑。他在为所投的新创企业带来资金的同时，还辅助以专业的企业管理和咨询，并投入人脉、渠道和审批等非资金资源，为新创企业的成长提供全方位支持。

## （二）低投资人声誉

该投资人也是刚刚进入风险投资领域的新手投资人，其所在的团队仅仅投资新创企业十余家，还未有成功上市的案例。在风险投资和新创企业两个领域，该风险投资机构还没有形成显著的声誉和口碑。在投资相应额度后，可能其难以提供新创企业需要的管理和咨询、渠道、人脉和审批等非资金资源，无法为新创企业的成长提供全方位支持。

# 多元主体投资

## （一）无多元主体投资

当前您的新创企业融资并不顺利，在洽谈的四家风险投资中，只有该风险投资人愿意为您出资，且由于当前是"投资寒冬"，投资人在进行投资决策时非常谨慎。因此，除该投资人外，可能短时间内再难以遇到合适的风险投资。

## （二）有多元主体投资

由于您的项目涉及教育、互联网和大数据等行业风口和热点，当前您的新创企业融资十分顺利。在该笔融资之前，您已成功得到三笔多元主体投资，能够支持企业进行较长时期的战略发展和迭代创新。

您是否认真阅读了该投资商榷函：☐ 否　☐ 是

第二部分　请判断描述在多大程度符合您的情况，备选答案中有7个级别等级，其中1表示"非常不同意"，4表示"一般"，7表示"非常同意"，请选出最能反映您真实情况的选项。

| 题项 | 非常不同意 | 不同意 | 比较不同意 | 一般 | 比较同意 | 同意 | 非常同意 |
|---|---|---|---|---|---|---|---|
| 我时常设想如何才能实现自己的愿望和抱负 | | | | | | | |
| 我常常想象自己身上会发生一些我盼望发生的好事 | | | | | | | |
| 我常常设想自己未来想要变成的某种样子 | | | | | | | |
| 我常常考虑怎样才能让自己获得预期的成功 | | | | | | | |
| 我目前学习的主要目标就是实现人生抱负 | | | | | | | |
| 一般而言，生活中我更关注于对积极结果的追求 | | | | | | | |
| 我通常更关注于自己所期望的未来潜在的成功 | | | | | | | |
| 总体来说，我更倾向于实现成功，而不倾向于防止失败 | | | | | | | |
| 我认为自己是一个致力于实现"理想自我"的人——不断努力地实现自己的期望、心愿和抱负 | | | | | | | |
| 该题目为注意力测试，请填写"一般"选项 | | | | | | | |
| 一般而言，生活中我更注重对消极事件的预防 | | | | | | | |
| 我很担忧自己没能很好地履行应尽的职责和义务 | | | | | | | |
| 我常常告诫自己未来不能变成某种样子 | | | | | | | |
| 我目前学习的主要目标就是避免生活过得很失败 | | | | | | | |
| 我常常担心自己不能实现预期的学习目标 | | | | | | | |
| 我常常会想到自己身上可能将发生的不好的事情 | | | | | | | |
| 我经常考虑怎样才能在生活中避免失败 | | | | | | | |
| 我更倾向于预防损失，而不倾向于实现收获 | | | | | | | |

续表

| 题项 | 非常不同意 | 不同意 | 比较不同意 | 一般 | 比较同意 | 同意 | 非常同意 |
|---|---|---|---|---|---|---|---|
| 我认为自己是一个致力于实现"责任自我"的人——不断努力地实现自己应承担的职责、责任和义务 | | | | | | | |

第三部分  基本信息。

**创业者版本**

1. 您的性别：□ 男　□ 女

2. 您的年龄：□ 20 岁及以下　□ 21 ~ 30 岁　□ 31 ~ 40 岁　□ 41 ~ 50 岁 □ 50 岁以上

3. 您的受教育程度：□ 高中及以下　□ 本科　□ 硕士研究生　□ 博士研究生

4. 您的创业年限：□ 不足 1 年　□ 1 ~ 3 年　□ 4 ~ 6 年

5. 您的企业类型：□ 非技术型　□ 技术型（有研发活动、技术产品或研发人员）

**MBA 学生版本**

1. 您的性别：□ 男　□ 女

2. 您的年龄：□ 20 岁及以下　□ 21 ~ 30 岁　□ 31 ~ 40 岁　□ 41 ~ 50 岁 □ 50 岁以上

3. 您是否曾有创业经历：□ 无　□ 有

4. 您是否曾经有过教育行业或互联网行业的从业经验：□ 无　□ 有

# 参 考 文 献

[1] 边慎，蔡志杰. 期望效用理论与前景理论的一致性 [J]. 经济学（季刊），2005（4）：265 – 276.

[2] 边燕杰，张磊. 网络脱生：创业过程的社会学分析 [J]. 社会学研究，2006（6）：78 – 92 + 248.

[3] 蔡莉，单标安. 中国情境下的创业研究：回顾与展望 [J]. 管理世界，2013（12）：160 – 169.

[4] 蔡莉，单标安，朱秀梅，等. 创业研究回顾与资源视角下的研究框架构建——基于扎根思想的编码与提炼 [J]. 管理世界，2011，12：160 – 169.

[5] 蔡莉，于海晶，杨亚倩，等. 创业理论回顾与展望 [J]. 外国经济与管理，2019（12）：94 – 111.

[6] 蔡杨，石文典，陈晓惠. 员工内外部动机对隐性知识共享意愿和创新行为的影响 [J]. 心理研究，2019，12（1）：56 – 66.

[7] 曹元坤，徐红丹. 调节焦点理论在组织管理中的应用述评 [J]. 管理学报，2017，14（8）：1254 – 1262.

[8] 常涛，周苗. 领导—成员内在认同不对称模式研究：调节聚焦视角 [J]. 科技进步与对策，2016，33（24）：141 – 146.

[9] 陈华娇. 调节匹配的加工机制：解释水平的调节作用 [D]. 杭州：浙江大学，2014.

[10] 陈建明. 前景理论与个体决策 [J]. 统计与决策，2003（11）：11 – 12.

[11] 陈晓萍. 实验之美：简单透彻地揭示因果关系 [J]. 管理学季刊，2017，2（2）：1 – 14 + 126.

[12] 陈运森，朱松. 政治关系、制度环境与上市公司资本投资 [J]. 财经研究，2009，35（12）：27 – 39.

[13] 成思危. 积极稳妥地推进我国的风险投资事业 [J]. 管理世界，1999（1）：2 – 7.

[14] 成思危. 论风险投资 [M]. 北京：中国人民大学出版社，2008.

[15] 董保宝，李全喜. 竞争优势研究脉络梳理与整合研究框架构建——基于资源与能力视角 [J]. 外国经济与管理，2013，35（3）：2 – 11.

[16] 董静，汪立，吴友. 地理距离与风险投资策略选择——兼论市场环境与机构特质的调节作用 [J]. 南开管理评论，2017，20（2）：4 – 16.

[17] 杜运周，任兵，陈忠卫，等. 先动性、合法化与中小企业成长——一个中介模型及其启示 [J]. 管理世界，2008（12）：126 – 138 + 148.

[18] 高嶲. 认知风格的新进展：元认知风格 [J]. 内蒙古师范大学学报（教育科学版），2013，26（8）：65 – 67.

[19] 苟燕楠，董静. 风险投资背景对企业技术创新的影响研究 [J]. 科研管理，2014（2）：37 – 44.

[20] 国家发改委经济研究所课题组，宋立，刘国艳，王元，刘雪燕. 中国创业资本投资早期创新企业的基本状况 [J]. 经济研究参考，2013（63）：12 – 36.

[21] 韩炜，杨俊，包凤耐. 初始资源、社会资本与创业行动效率——基于资源匹配视角的研究 [J]. 南开管理评论，2013（3）：149 – 160.

[22] 何斌，李泽莹，王学力. 管理实验与实验管理学 [M]. 北京：清华大学出版社，2010：4.

[23] 何大安. 理性选择向非理性选择转化的行为分析 [J]. 经济研究，2005（8）：73 – 83.

[24] 何顶，罗炜. 风险投资声誉和股价"传染"效应——来自中国上市公司立案公告的证据 [J]. 金融研究，2019（9）：169 – 187.

［25］何良兴，张玉利，宋正刚．创业情绪与创业行为倾向关系研究［J］．研究与发展管理，2017，29（3）：13－20．

［26］何涛．初创型小企业如何获得风险投资的青睐［J］．科技创业，2004（5）：62－64．

［27］贺小刚，朱丽娜，吕斐斐，等．创业者缘何退出：制度环境视角的研究［J］．南开管理评论，2019，22（5）：101－116．

［28］胡琼晶，杨时羽，秦昕，等．非正式地位能否促进建言行为？——基于地位特征理论的探讨［J］．管理学季刊，2016（3）：60－80．

［29］黄福广，彭涛，邵艳．地理距离如何影响风险资本对新企业的投资［J］．南开管理评论，2014（6）：83－95．

［30］姜翰，金占明，焦捷，等．不稳定环境下的创业企业社会资本与企业"原罪"——基于管理者社会资本视角的创业企业机会主义行为实证分析［J］．管理世界，2009（6）：109－121．

［31］黎坚，庞博，张博，等．自我调节：从基本理论到应用研究［J］．北京师范大学学报（社会科学版），2011（6）：5－13．

［32］李圭泉，席酉民，刘海鑫．变革型领导对知识共享的影响机制研究［J］．科学学与科学技术管理，2014（9）：48－58．

［33］李加鹏，吴蕊，杨德林．制度与创业研究的融合：历史回顾及未来方向探讨［J］．管理世界，2020，36（5）：204－219＋19．

［34］李建标，巨龙，李政，等．董事会里的"战争"——序贯与惩罚机制下董事会决策行为的实验分析［J］．南开管理评论，2009（5）：72－78．

［35］梁强，邹立凯，宋丽红，等．组织印记、生态位与新创企业成长——基于组织生态学视角的质性研究［J］．管理世界，2017（6）：141－154．

［36］梁晓艳，糜仲春，叶跃祥，等．国外公司创业投资理论研究及其启示［J］．外国经济与管理，2007（5）：11－17．

［37］林晖芸，汪玲．调节性匹配理论述评［J］．心理科学进展，2007（5）：749－753．

［38］刘景江，刘博．情境性调节焦点、即时情绪和认知需要对技术创

业决策的影响 [J]. 浙江大学学报（人文社会科学版），2014，44（5）：110-120.

[39] 刘依冉，张玉利，郝喜玲. 调节定向与创业机会识别机制研究 [J]. 管理学报，2020，17（3）：402-410.

[40] 刘志阳，许莉萍. 求同还是存异：制度逻辑视角的社会创业者修辞策略选择 [J]. 研究与发展管理，2020，32（3）：1-12.

[41] 龙玉，赵海龙，张新德，等. 时空压缩下的风险投资——高铁通车与风险投资区域变化 [J]. 经济研究，2017（4）：197-210.

[42] 吕斐斐，贺小刚，葛菲. 期望差距与创始人离任方式选择：基于中国家族上市公司的分析 [J]. 财经研究，2015（7）：69-81.

[43] 罗珊红. 人格心理学的未来：等待"大一" [J]. 心理学动态，1998，6（4）：21-24.

[44] 裴旭东，黄聿舟，李随成. 资源识取与新创企业成长的动态匹配机制研究 [J]. 科研管理，2018，39（8）：169-176.

[45] 彭华涛. 创业企业成长瓶颈突破——政企互动的中介作用与政策感知的调节作用 [J]. 科学学研究，2013，31（7）：1077-1085.

[46] 秦昕，马骏，叶文平，朱沆. 战略和创业研究中的实验方法：现状、方法与前景 [J]. 管理学季刊，2018，3（1）：131-160+165-166.

[47] 邱科. 风险投资机构与创业企业双边匹配决策研究 [J]. 重庆文理学院学报（社会科学版），2019，38（5）：45-53+60.

[48] 施海燕，施放. 期望效用理论与前景理论之比较 [J]. 统计与决策，2007（11）：22-24.

[49] 史婷婷. 创投机构投资科技型初创企业的内生动力机制研究 [D]. 北京：中国计量学院，2015.

[50] 隋雪，高淑青，王娟. 情绪影响认知实验研究的进展 [J]. 辽宁师范大学学报（社会科学版），2010，33（2）：55-58.

[51] 孙欣睿. 我国创业风险投资在投资阶段的倾向性变化及其原因 [J]. 经营与管理，2014（6）：67-71.

[52] 谈毅, 徐研. 创业投资机构介入、声誉信号与创新网络的动态演化 [J]. 研究与发展管理, 2017, 29 (1): 32 - 41.

[53] 汪玲, 林晖芸, 逄晓鸣. 特质性与情境性调节定向匹配效应的一致性 [J]. 心理学报, 2011, 43 (5): 553 - 560.

[54] 汪洋, 何川. 默会知识影响风险投资阶段选择研究 [J]. 西南民族大学学报 (人文社科版), 2016, 37 (7): 120 - 129.

[55] 汪祚军, 侯怡如, 匡仪, 等. 群体共享情绪的放大效应 [J]. 心理科学进展, 2017, 25 (4): 662 - 671.

[56] 王瀚轮, 蔡莉. 风险投资与人力资源获取对新创企业绩效的影响 [J]. 经济纵横, 2011 (8): 110 - 113.

[57] 王文忠, 曲如杰, 卢丹蕾, 等. 大学生调节倾向与行为意向及后悔情绪的关系 [J]. 中国临床心理学杂志, 2005 (1): 50 - 52.

[58] 项国鹏, 黄玮. 创业扶持方式与新创企业绩效的关系研究 [J]. 科学学研究, 2016, 34 (10): 1561 - 1568.

[59] 谢军, 周南. 创业者的先前工作经验对获得风险投资的影响 [J]. 科学学与科学技术管理, 2015 (9): 173 - 180.

[60] 熊小明. 企业家代言自我效应的影响因素及作用机制研究 [D]. 武汉: 武汉大学, 2015.

[61] 许雷平, 杭虹利, 王方华. 长期倾向调节聚焦量表述评 [J]. 心理科学, 2012 (1): 215 - 221.

[62] 杨俊, 迟考勋, 李季. 创业者的认知风格平衡能力: 理论与模型构建 [J]. 苏州大学学报 (哲学社会科学版), 2015 (3): 106 - 115 + 197.

[63] 杨俊. 创业决策研究进展探析与未来研究展望 [J]. 外国经济与管理, 2014 (1): 4 - 13.

[64] 杨俊, 牛梦茜. 制度如何影响创业: 一个跨层次的分析框架 [J]. 管理学季刊, 2019, 4 (2): 26 - 33.

[65] 杨俊, 张玉利, 刘依冉. 创业认知研究综述与开展中国情境化研究的建议 [J]. 管理世界, 2015 (9): 158 - 169.

[66] 姚琦，乐国安，伍承聪，等. 调节定向的测量维度及其问卷的信度和效度检验 [J]. 应用心理学，2008 (4)：32-37.

[67] 叶文平，杨学儒，朱沆. 创业活动影响幸福感吗——基于国家文化与制度环境的比较研究 [J]. 南开管理评论，2018，21 (4)：4-14.

[68] 尹苗苗，彭秀青，彭学兵. 中国情境下新企业投机导向对资源整合的影响研究 [J]. 南开管理评论，2014，17 (6)：149-157.

[69] 于松梅，杨丽珠. 米契尔认知情感的个性系统理论述评 [J]. 心理科学进展，2003 (2)：78-82.

[70] 于晓宇，蔡莉. 失败学习行为、战略决策与创业企业创新绩效 [J]. 管理科学学报，2013，16 (12)：37-56.

[71] 于晓宇，渠娴娴，陶奕达，等. 实验法在创业研究中的应用：文献综述与未来展望 [J]. 外国经济与管理，2019，41 (5)：31-43+57.

[72] 余琰，罗炜，李怡宗，等. 国有风险投资的投资行为和投资成效 [J]. 经济研究，2014 (2)：34-48.

[73] 张承惠. 建立中国风险投资体系的构想及有关政策建议 [J]. 金融研究，2000 (4)：45-52.

[74] 张梦，张广宇，唐小飞. 服务评价中的特征框架效应——基于调节性匹配理论视角的研究 [J]. 科研管理，2015 (5)：111-119.

[75] 张青. 创业与经济发展关系研究回顾与分析——基于不同经济学视角 [J]. 外国经济与管理，2009，31 (11)：20-28.

[76] 张天舒，陈信元，黄俊. 政治关联、风险资本投资与企业绩效 [J]. 南开管理评论，2015，18 (5)：18-27.

[77] 张曦如，冒大卫，路江涌. 海外风险投资机构在中国：投资选择，联合投资与投资绩效 [J]. 管理学季刊，2017 (2)：12-27.

[78] 张曦如，沈睿，路江涌. 风险投资研究：综述与展望 [J]. 外国经济与管理，2019，41 (4)：59-71+139.

[79] 张秀娥，王超. 成就需要对创业意向的影响——风险倾向和创业警觉性的双重中介作用 [J]. 软科学，2019，33 (7)：34-39.

［80］张秀娥，张坤. 创业教育对创业意愿作用机制研究回顾与展望［J］. 外国经济与管理，2016，38（4）：104－113.

［81］赵兴庐，张建琦. 以创业拼凑为过程的新创企业的新颖性形成机制研究［J］. 科技管理研究，2016，36（20）：183－189.

［82］周伶，山峻，张津. 联合投资网络位置对投资绩效的影响——来自风险投资的实证研究［J］. 管理评论，2014，26（12）：160－169＋181.

［83］周小虎，姜凤，陈莹. 企业家创业认知的积极情绪理论［J］. 中国工业经济，2014（8）：135－147.

［84］朱晓红，陈寒松，张玉利. 异质性资源、创业机会与创业绩效关系研究［J］. 管理学报，2014，11（9）：1358－1365.

［85］左志刚. 政府干预风险投资的有效性：经验证据及启示［J］. 财经研究，2011，37（5）：123－133.

［86］Ahuja G. Collaboration networks, structural holes, and innovation：A longitudinal study［J］. Administrative Science Quarterly，2000，45（3）：425－455.

［87］Alexy O T. Social capital of venture capitalists and start-up funding［J］. Small Business Economics，2012，39（4）：835－851.

［88］Allinson C W, Chell E, Hayes J. Intuition and entrepreneurial behavior［J］. European Journal of Work & Organizational Psychology，2000，9（1）：31－43.

［89］Allinson C W. The cognitive style index：a measure of intuition-analysis for organizational research［J］. Journal of Management Studies，2010，33（1）：119－135.

［90］Allport G W. Personality：a psychological interpretation［J］. American Journal of Sociology，1937，45（1）：48－50.

［91］Alvarez S A, Barney J B. The entrepreneurial theory of the firm［J］. Journal of Management Studies，2007，44（7）：1057－1063.

［92］Ardichvili A, Cardozo R, Ray S. A Theory of entrepreneurial opportunity identification and development [J]. Journal of Business Venturing, 2003, 18 (1): 105 – 123.

[93] Armstrong S J, Hird A. Cognitive style and entrepreneurial drive of new and mature business owner-managers [J]. Journal of Business & Psychology, 2009, 24 (4): 419 – 430.

[94] Avnet T, Higgins E T. How regulatory fit affects value in consumer choices and opinions [J]. Journal of Marketing Research, 2006 (1): 1 – 10.

[95] Avnet T, Higgins E T. Locomotion, assessment, and regulatory fit: value transfer from "how" to: "what" [J]. Journal of Experimental Social Psychology, 2003, 39 (5): 525 – 530.

[96] Bammens Y, Collewaert V. Trust between entrepreneurs and angel investors [J]. Journal of Management, 2014, 40 (7): 1980 – 2008.

[97] Barney J. Firm Resources and sustained competitive advantage [J]. Journal of Management, 1991, 17 (1): 99 – 121.

[98] Baron R A. Opportunity recognition as pattern recognition [J]. Academy of Management Perspectives, 2006, 20 (1): 104 – 119.

[99] Baron R A. The role of affect in the entrepreneurial process [J]. Academy of Management Review, 2008, 33 (2): 328 – 340.

[100] Barsade S G. The ripple effect: Emotional contagion and its influence on group behavior [J]. Administrative Science Quarterly, 2002, 47 (4): 644 – 675.

[101] Baum J R, et al. Entrepreneurship as an area of psychology study: An introduction [J]. The psychology of entrepreneurship, 2007: 1 – 18.

[102] Baumol W J. Entrepreneurship: Productive, unproductive, and destructive [J]. Journal of Business Venturing, 1996, 11 (1): 3 – 22.

[103] Berlyne, Daniel E. Conflict and arousal [J]. Scientific American, 1966, 215 (2): 82 – 87.

[104] Bernstein S, Giroud X, Townsend R R. The impact of venture

capital monitoring [J]. Journal of Finance, 2016, 71 (4): 1591 – 1622.

[105] Bhide A. The origin and evolution of new businesses [M]. Oxford University Press, 2000.

[106] Brander J A, Du Q, Hellmann T F. The effects of government-sponsored venture capital: international evidence [J]. Review of Finance, 2015, 19 (2): 571 –618.

[107] Brockner J, Higgins E T. Regulatory focus theory: Implications for the study of emotions at work [J]. Organizational Behavior & Human Decision Processes, 2001, 86 (1): 35 –66.

[108] Brockner, J, Higgins T, Low B. Regulatory focus theory and the entrepreneurial process [J]. Journal of Business Venturing, 2004, 19 (2): 203 – 220.

[109] Brush C G, Greene P G, Hart M M. From initial idea to unique advantage: the entrepreneurial challenge of constructing a resource base [J]. The Academy of Management Executive, 2001, 15 (1): 64 –80.

[110] Bruton G, Khavul S, Siegel D, et al. New financial alternatives in seeding entrepreneurship: microfinance, crowdfunding, and peer-to-peer inno-vations [J]. Entrepreneurship Theory & Practice, 2015, 39 (1): 9 –26.

[111] Burns L R, D'Zurilla T J. Individual differences in perceived infor-mation processing styles in stress and coping situations: development and valida-tion of the perceived modes of processing inventory [J]. Cognitive Therapy & Research, 1999, 23 (4): 345 –371.

[112] Buttner E H, Gryskiewicz N. Entrepreneurs' problem-solving styles: An empirical study using the Kirton adaption/innovation theory [J]. Journal of Small Business Management, 1993, 1 (31): 22 –31.

[113] Cardon M S, Wincent J, Singh J, et al. The nature and experi-ence of entrepreneurial passion [J]. The Academy of Management Review, 2009, 34 (3): 511 –532.

［114］ Chan C S R, Park H D. How images and color in business plans influence venture investment screening decisions ［J］. Journal of Business Venturing, 2015, 30 (5): 732 – 748.

［115］ Chandler G N, Honig B, Wiklund J. Antecedents, moderators, and performance consequences of membership change in new venture teams ［J］. Journal of Business Venturing, 2005, 20 (5): 705 – 725.

［116］ Chen X P, Yao X, Kotha S. Entrepreneur passion and preparedness in business plan presentations: A persuasion analysis of venture capitalists' funding decisions ［J］. Academy of Management Journal, 2009, 52 (1): 199 – 214.

［117］ Clarke J S, Cornelissen J P, Healey M P. Actions speak louder than words: How figurative language and gesturing in entrepreneurial pitches influences investment judgments ［J］. Academy of Management Journal, 2019, 62 (2): 335 – 360.

［118］ Colombo MG, Grilli L. Funding gaps? Access to bank loans by high-tech start-ups ［J］. Small Business Economics, 2007, 29: 25 – 46.

［119］ Connelly B L, Miller T, Devers C E. Under a cloud of suspicion: trust, distrust, and their interactive effect in interorganizational contracting ［J］. Strategic Management Journal, 2012, 33 (7): 820 – 833.

［120］ Corbett J, Montgomery A W. Environmental entrepreneurship and interorganizational arrangements: A Model of social – benefit market creation ［J］. Strategic Entrepreneurship Journal, 2017, 11 (4): 422 – 440.

［121］ Cox Pahnke E, Mcdonald R, Wang D, et al. Exposed: Venture capital, competitor ties, and entrepreneurial innovation ［J］. Academy of Management Journal, 2015, 58 (5): 1334 – 1360.

［122］ Crowe E, Higgins E T. Regulatory focus and strategic inclinations: Promotion and prevention in decision-making ［J］. Organizational Behavior & Human Decision Processes, 1997, 69 (2): 117 – 132.

[123] Cumming D, Knill A. Disclosure, venture capital and entrepreneurial spawning [J]. Journal of International Business Studies, 2012, 43 (6): 563 – 590.

[124] Davila A, Foster G, Gupta M. Venture capital and the growth of start-up firms [J]. Journal of Business Venturing, 2003, 18 (6): 689 – 708.

[125] Dayan M, Elbanna S. Antecedents of team intuition and its impact on the success of new product development projects [J]. Journal of Product Innovation Management, 2011, 28 (S1): 159 – 174.

[126] Desteno D, Petty R E, Wegener D T, et al. Beyond valence in the perception of likelihood: The role of emotion specificity [J]. Journal of Personality and Social Psychology, 2000, 78 (3): 397 – 416.

[127] Devers C E, Wiseman R M, Holmes R M. The effects of endowment and loss aversion in managerial stock option valuation [J]. Academy of Management Journal, 2008, 50 (1): 191 – 208.

[128] DiMaggio P J, Powell W W. The iron cage revisited: Institutional isomorphism and collective rationality in organizational fields [J]. American Sociological Review, 1983, 48 (2): 147 – 160.

[129] Dimov D. From opportunity insight to opportunity intention: The importance of person-situation learning match [J]. Entrepreneurship: Theory and Practice, 2007, 31 (4): 561 – 583.

[130] Dimov D, Shepherd D A, Sutcliffe K M. Requisite expertise, firm reputation, and status in venture capital investment allocation decisions [J]. Journal of Business Venturing, 2007, 22 (4): 481 – 502.

[131] Douglas E J. Reconstructing entrepreneurial intentions to identify predisposition for growth [J]. Journal of Business Venturing, 2013, 28 (5): 633 – 651.

[132] Drover W, Wood M S, Fassin Y. Take the money or run? Investors' ethical reputation and entrepreneurs' willingness to partner [J]. Journal of Busi-

ness Venturing, 2014, 29 (6): 723 – 740.

[133] Drover W, Wood M S, Zacharakis A. Attributes of angel and crowdfunded investments as determinants of VC screening decisions [J]. Entrepreneurship Theory and Practice, 2015, 11: 1 – 25.

[134] Dushnitsky G, Lenox M. When do incumbents learn from entrepreneurial ventures? [J]. Research Policy, 2005, 34 (5): 615 – 639.

[135] Elliott W B, Hodge F D, Pronk K M. Are MBA students a good proxy for nonprofessional investors? [J]. Accounting Review, 2007, 82 (1): 139 – 168.

[136] Ensley M D, Carland J A C. Exploring the existence of entrepreneurial teams [J]. International Journal of Management, 1999, 16 (2): 276 – 286.

[137] Estes W K. Reinforcement in human behavior [J]. American Scientist, 1972, 60 (6): 723 – 729.

[138] Fang C. Organizational learning as credit assignment: A model and two experiments [J]. Organization Science, 2012, 23: 1717 – 1732.

[139] Fitzsimmons J R, Douglas E J. Interaction between feasibility and desirability in the formation of entrepreneurial intentions [J]. Journal of Business Venturing, 2011, 26 (4): 431 – 440.

[140] Foo M D. Emotions and entrepreneurial opportunity evaluation [J]. Entrepreneurship: Theory and Practice, 2011, 35 (2): 375 – 393.

[141] Franke N, et al. Venture capitalists' evaluations of start-up teams: Trade-offs, knock-out criteria, and the impact of VC experience [J]. Entrepreneurship Theory and Practice, 2008, 32: 459 – 483.

[142] Fredrickson B L. The role of positive emotions in positive psychology: The broaden-and-build theory of positive emotions [J]. American Psychologist, 2001, 56 (3): 218 – 226.

[143] Friedman R S, Förster J. The effects of promotion and prevention

cues on creativity [J]. Journal of Personality and Social Psychology, 2001, 81 (6): 1001 – 1013.

[144] Fulghieri P, Sevilir M. Organization and financing of innovation, and the choice between corporate and independent venture capital [J]. Journal of Financial and Quantitative Analysis, 2009, 44 (6): 1291 – 1321.

[145] Gamache D L, McNamara G, Mannor M J, et al. Motivated to acquire? The impact of CEO regulatory focus on firm acquisitions [J]. Academy of Management Journal, 2015, 58 (4): 1261 – 1282.

[146] Gielnik M M, Spitzmuller M, Schmitt A, et al. "I put in effort, therefore i am passionate": Investigating the path from effort to passion in entrepreneurship [J]. Academy of Management Journal, 2015, 58 (4): 1012 – 1031.

[147] Gino F, Margolis J D. Bringing ethics into focus: How regulatory focus and risk preferences influence (Un) ethical behavior [J]. Organizational Behavior and Human Decision Processes, 2011, 115 (2): 145 – 156.

[148] Goldberg, Lewis R. The structure of phenotypic personality traits [J]. American Psychologist, 1993, 48 (1): 26 – 34.

[149] Gompers P A. Grandstanding in the venture capital industry [J]. Journal of Financial Economics, 1996, 42 (1): 133 – 156.

[150] Gompers P, Lerner J. An analysis of compensation in the U. S. venture capital partnership [J]. Journal of Financial Economics, 1999, 51 (1): 3 – 44.

[151] Gorman C A, Meriac J P, Overstreet B L, et al. A meta-analysis of the regulatory focus nomological network: Work-related antecedents and consequences [J]. Journal of Vocational Behavior, 2012, 80 (1): 160 – 172.

[152] Gorman M, et al. What do venture capitalists do? [J]. Journal of Business Venturing, 1989, 4 (4): 231 – 248.

[153] Grant R M. The resource-based theory of competitive advantage:

Implications for strategy formulation [J]. California Management Review, 1999, 33 (3): 3 –23.

[154] Groves K S, Vance C M, Choi D Y, et al. An examination of the nonlinear thinking style profile stereotype of successful entrepreneurs [J]. Journal of Enterprising Culture, 2008, 16 (2): 133 –159.

[155] Groves K, Vance C, Choi D. Examining entrepreneurial cognition: An occupational analysis of balanced linear and nonlinear thinking and entrepreneurship success [J]. Journal of Small Business Management, 2011, 49 (3): 438 –466.

[156] Guilford J P. Cognitive styles: What are they? [J]. Educational & Psychological Measurement, 1980, 40 (3): 715 –735.

[157] Gupta V K, Goktan A B, Gunay G. Gender differences in evaluation of new business opportunity: A stereotype threat perspective [J]. Journal of Business Venturing, 2014, 29 (2): 273 –288.

[158] Hakonsson D D, Eskildsen J K, Argote L, et al. Exploration versus exploitation: Emotions and performance as antecedents and consequences of team decisions [J]. Strategic Management Journal, 2016, 37 (6): 985 –1001.

[159] Hambrick D C, Crozier L M. Stumblers and stars in the management of rapid growth [J]. Journal of Business Venturing, 1985, 1 (1): 31 –45.

[160] Hamstra M R W, Sassenberg K, Van Yperen N W, et al. Followers feel valued — When leaders' regulatory focus makes leaders exhibit behavior that fits followers' regulatory focus [J]. Journal of Experimental Social Psychology, 2014, 51: 34 –40.

[161] Hegde D, Tumlinson J. Does social proximity enhance business partnerships? Theory and evidence from ethnicity's role in U. S. venture capital [J]. Management Science, 2014, 60 (9): 2355 –2380.

[162] Hellmann T, Puri M. The interaction between product market and financing strategy: The role of venture capital [J]. Review of Financial Stud-

ies, 2000, 13 (4): 959 – 984.

[163] Higgins E T. Beyond pleasure and pain [C]. American Psychologist, 1997, 52 (12): 1280 – 1300.

[164] Higgins E T, Friedman R S, Harlow R E, et al. Achievement orientations from subjective histories of success: Promotion pride versus prevention pride [J]. European Journal of Social Psychology, 2001, 31 (1): 3 – 23.

[165] Higgins E T, Idson L C, Freitas A L, et al. Transfer of value from fit [J]. Journal of Personality & Social Psychology, 2003, 84 (6): 1140 – 1153.

[166] Higgins E T. Making a good decision: Value from fit [J]. American Psychologist, 2000, 55 (11): 1217 – 1230.

[167] Higgins E T. Self-discrepancy: A theory relating self and affect [J]. Psychological Review, 1987, 94 (3): 319 – 340.

[168] Hillman A J, Wan W P. The determinants of MNE subsidiaries' political strategies: Evidence of institutional duality [J]. Journal of International Business Studies, 2005, 36 (3): 322 – 340.

[169] Hitt M A, Sirmon D G, Li Y, et al. Institutions, Industries and Entrepreneurial versus Advantage-based Strategies: How Complex, Nested Environments Affect Strategic Choice [J]. Journal of Management and Governance, 2021, 25 (2): 147 – 188.

[170] Hmieleski K M, Baron R A. Regulatory focus and new venture performance: A study of entrepreneurial opportunity exploitation under conditions of risk versus uncertainty [J]. Strategic Entrepreneurship Journal, 2008, 2: 285 – 299.

[171] Holmes R M Jr, Miller T, et al. The interrelationships among informal institutions, formal institutions, and inward foreign direct investment [J]. Journal of Management, 2013, 39 (2): 531 – 566.

[172] Hsieh C, Nickerson J A, Zenger T R. Opportunity discovery,

problem solving and a theory of the entrepreneurial firm [J]. Journal of Management Studies, 2010, 44 (7): 1255 – 1277.

[173] Hsu D K, Haynie J M, Simmons S A, et al. What matters, matters differently: a conjoint analysis of the decision policies of angel and venture capital investors [J]. Venture Capital, 2014, 16 (1): 1 – 25.

[174] Hsu D K, Simmons S A, Wieland A M. Designing entrepreneurship experiments: A review, typology, and research agenda [J]. Organization Research Methods, 2016, 20 (3): 379 – 412.

[175] Hsu D K. What do entrepreneurs pay for venture capital affiliation? [J]. The Journal of Finance, 2004, 59 (4): 1805 – 1844.

[176] Isen A M. Positive affect and decision making. In M. Lewis & J. M. Haviland-Jones (Eds.), Handbook of emotions (2nd ed.). New York: Guilford Press, 2000: 417 – 435.

[177] Jack Knight. Institutions and Social Conflict [J]. American Journal of Sociology, 1992.

[178] Jarvis L. Feigned versus felt: Feigning behaviors and the dynamics of institutional logics [J]. Academy of Management Review, 2017, 42 (2): 306 – 333.

[179] Jaskiewicz P, Luchak A A. Explaining performance differences between family firms with family and nonfamily CEOs: It's the nature of the tie to the family that counts [J]. Entrepreneurship Theory & Practice, 2013, 37 (6): 1361 – 1367.

[180] Jens Förster, Higgins E T, Idson L C. Approach and avoidance strength during goal attainment: Regulatory focus and the goal looms larger effect [J]. Journal of Personality and Social Psychology, 1998, 75 (5): 1115 – 1131.

[181] Johnson P D, Smith M B, Wallace J C, et al. A review of multilevel regulatory focus in organizations [J]. Journal of Management, 2015, 41 (5): 1501 – 1529.

［182］ Kagan J. Reflection impulsivity and reading ability in primary grade children ［J］. Child Development, 1965, 36 （3）: 609 – 628.

［183］ Kahneman D, Frederick S. Representativeness revisited: Attribute substitution in intuitive judgment ［J］. Heuristics and Biases: The Psychology of Intuitive Judgment, 2002, 10 （2）: 49 – 81.

［184］ Kahneman D, Knetsch J L, Thaler R H. The endowment effect, loss aversion, and status quo bias ［J］. Journal of Economic Perspectives, 1991, 5: 193 – 206.

［185］ Kahneman D, Tversky A. Prospect theory: An analysis of decision under risk ［J］. Econometrica, 1979, 47 （2）: 263 – 291.

［186］ Kammerlander N, Burger D, Fust A, et al. Exploration and exploitation in established small and medium-sized enterprises: The effect of CEOs' regulatory focus ［J］. Journal of Business Venturing, 2015, 30 （4）: 582 – 602.

［187］ Kanfer R. Motivation theory and industrial and organizational psychology. In: Dunnette MD, Hough LM, eds. Handbook of Industrial and Organizational Psychology. Consulting Psychologists Press, 1990.

［188］ Kanze D, Huang L, Conley M A, et al. We ask men to win and women not to lose: Closing the gender gap in startup funding ［J］. Academy of Management Journal, 2018, 61 （2）: 586 – 614.

［189］ Kark R, Van Dijk D. Motivation to lead, motivation to follow: The role of the self-regulatory focus in leadership processes ［J］. Academy of Management Review, 2007, 32 （2）: 500 – 528.

［190］ Kelly J R, Barsade S G. Mood and emotions in small groups and work teams ［J］. Organizational Behavior & Human Decision Processes, 2001, 86 （1）: 99 – 130.

［191］ Kickul J, Gundry L K, Barbosa S D, et al. Intuition versus analysis? Testing differential models of cognitive style on entrepreneurial self-efficacy and the new venture creation process ［J］. Entrepreneurship Theory & Practice, 2010, 33 (2): 439 – 453.

[192] Kirton M. Adaptors and innovators: A description and measure [J]. Journal of Applied Psychology, 1976, 61 (5): 622 – 629.

[193] Klein B, Leffler K B. The role of market forces in assuring contractual performance [J]. Journal of Political Economy, 2000, 89 (4): 615 – 641.

[194] Kraus S, Meier F, Niemand T. Experimental methods in entrepreneurship research: The status quo [J]. International Journal of Entrepreneurial Behavior & Research, 2016 (6): 958 – 983.

[195] Kreps D M, Wilson R B. Reputation and imperfect information [J]. Journal of Economic Theory, 1982, 27 (2): 253 – 279.

[196] Kunda Z, Thagard P. Forming impressions from stereotypes, traits, and behaviors: A parallel-constraint-satisfaction theory [J]. Psychological Review, 1996, 103 (2): 284 – 308.

[197] Lanaj K, Chang C H, Johnson R E. Regulatory focus and work-related outcomes: A review and meta-analysis [J]. Psychological Bulletin, 2012, 138 (5): 998 – 1034.

[198] Lau T, Chan K F, Tai S H C, et al. Corporate entrepreneurship of IJVs in China [J]. Management Research Review, 2010, 33 (1): 6 – 22.

[199] Lerner D A. Behavioral disinhibition and nascent venturing: Relevance and initial effects on potential resource providers [J]. Journal of Business Venturing, 2016, 31 (2): 234 – 252.

[200] Li H, Zhang Y, Chan T S. Entrepreneurial strategy making and performance in China's new technology ventures: The contingency effect of environments and firm competences [J]. Journal of High Technology Management Research, 2005, 16 (1): 37 – 57.

[201] Li H, Zhang Y. The role of managers' political networking and functional experience in new venture performance: Evidence from China's transition economy [J]. Strategic Management Journal, 2007, 28 (8): 791 – 804.

［202］ Liu Y, Maula M. Local partnering in foreign ventures: Uncertainty, experiential learning, and syndication in cross-border venture capital investments ［J］. Academy of Management Journal, 2016, 59 (4): 1407 – 1429.

［203］ Li Y, Zhao Y, Tan J, et al. Moderating effects of entrepreneurial orientation on market orientation-performance linkage: Evidence from Chinese small firms ［J］. Journal of Small Business Management, 2008, 46 (1): 113 – 133.

［204］ Lockwood P, Jordan C H, Kunda Z. Motivation by positive or negative role models: Regulatory focus determines who will best inspire us ［J］. Journal of Personality & Social Psychology, 2002, 83 (4): 854 – 864.

［205］ Lounsbury M, Glynn M A. Cultural entrepreneurship: A new agenda for the study of entrepreneurial processes and possibilities ［M］. Cambridge University Press, 2019.

［206］ Manczak E M, Zapata-Gietl C, McAdams D P. Regulatory focus in the life story: Prevention and promotion as expressed in three layers of personality ［J］. Journal of Personality & Social Psychology, 2014, 106 (1): 169 – 181.

［207］ Martin L L, Stoner P. Mood as input: What we think about how we feel determines how we think ［M］ //Martin L L, Tesser A. Striving and feeling: Interactions among goals, affect, and self-regulation, 1996: 279 – 301.

［208］ Martin R, Sunley P, et al. Taking risks in regions: The geographical anatomy of Europe's emerging venture capital market ［J］. Journal of Economic Geography, 2002, 2 (2): 121 – 150.

［209］ Maslow A. Motivation and personality ［M］. Bloomsbury Business Library Management Library, 2007.

［210］ Mason C, Stark M. What do investors look for in a business plan: A comparison of the investment criteria of bankers, venture capitalists and business angels ［J］. International Small Business Journal, 2004, 22 (3): 227 – 248.

［211］ McMullen J S, Shepherd D A. Regulatory focus and entrepreneurial intention: Action bias in the recognition and evaluation of opportunities ［J］.

Frontiers of Entrepreneurship Research, 2002, 22 (2): 61 – 72.

[212] Messick S. Personality consistencies in cognition and creativity [J]. Individuality in Learning, 1976: 4 – 22.

[213] Meyer J W, Rowan B. Institutionalized organizations: Formal structure as myth and ceremony [J]. American Journal of Sociology, 1977, 83 (2): 340 – 363.

[214] Miloud T, Cabrol M. Startup valuation by venture capitalists: An empirical study [J]. Venture Capital, 2012, 14 (2 – 3): 151 – 174.

[215] Mischel W, Shoda Y. A cognitive-affective system theory of personality: Reconceiving situations, dispositions, dynamics, and invariance in personality structure [J]. Psychological Review, 1995, 102: 246 – 268.

[216] Mischel W, Shoda Y, Peake P K. The nature of adolescent competencies predicted by preschool delay of gratification [J]. Journal of Personality & Social Psychology, 1988, 54 (4): 687 – 696.

[217] Mueller B A, Shepherd D A. Making the most of failure experiences: Exploring the relationship between business failure and the identification of business opportunities [J]. Entrepreneurship Theory & Practice, 2014: 457 – 487.

[218] Murnieks C Y, Cardon M S, Sudek R, et al. Drawn to the fire: The role of passion, tenacity and inspirational leadership in angel investing [J]. Journal of Business Venturing, 2016, 31 (4): 468 – 484.

[219] Nelson M R, Hitchon J C. Loud tastes, colored fragrances, and scented sounds: How and when to mix the senses in persuasive communications [J]. Journalism & Mass Communication Quarterly, 1999, 76 (2): 354 – 372.

[220] North D C. Institutions, institutional change and economic performance [M]. Cambridge University Press, 1990. North D C. Institutions [J]. Journal of Economic Perspectives, 1991, 5 (1): 97 – 112.

[221] Oppenheimer D M. The secret life of fluency [J]. Trends in Cog-

nitive Sciences, 2008, 12 (6): 237 – 241.

[222] Park S H, Luo Y. Guanxi and organizational dynamics: Organizational networking in Chinese firms [J]. Strategic Management Journal, 2010, 22 (5): 455 – 477.

[223] Patzelt H, Knyphausen-Aufsess D Z, Fischer H T. Upper echelons and portfolio strategies of venture capital firms [J]. Journal of Business Venturing, 2009, 24 (6): 558 – 572.

[224] Peng A C, Dunn J, Conlon D E. When vigilance prevails: The effect of regulatory focus and accountability on integrative negotiation outcomes [J]. Organizational Behavior and Human Decision Processes, 2015, 126: 77 – 87.

[225] Porath C L, Bateman T S. Self-regulation: From goal orientation to job performance [J]. Journal of Applied Psychology, 2006, 91 (1): 185 – 192.

[226] Powell W W, Rerup C. Opening the black box: The microfoundations of institutions. In: Greenwood R, Oliver C, Lawrence T B, Meyer R E, eds. The SAGE Handbook of Organizational Institutionalism (2nd edition). Thousand Oaks: Sage, 2017.

[227] Qin X, Huang M, Johnson R E, et al. The short-lived benefits of abusive supervisory behavior for actors: An investigation of recovery and work engagement [J]. Academy of Management Journal, 2018, 61 (5): 1951 – 1975.

[228] Qin X, Ren R, Zhang Z X, et al. Fairness heuristics and substitutability effects: Inferring the fairness of outcomes, procedures, and interpersonal treatment when employees lack clear information [J]. Journal of Applied Psychology, 2015, 100 (3): 749 – 766.

[229] Remus, Ilies, David T, et al. Explaining affective linkages in teams: Individual differences in susceptibility to contagion and individualism-collectivism [J]. The Journal of Applied Psychology, 2007, 92 (4): 1140 – 1148.

[230] Rosch E. Cognitive representations of semantic categories [J]. Journal of Experimental Psychology General, 1975, 104 (3): 192 – 233.

[231] Sadler-Smith E, Badger B. Cognitive style, learning and innovation [J]. Technology Analysis & Strategic Management, 1998, 10 (2): 247 – 266.

[232] Sassenberg K, Landkammer F, Jacoby J. The influence of regulatory focus and group vs. individual goals on the evaluation bias in the context of group decision making [J]. Journal of Experimental Social Psychology, 2014, 54: 153 – 164.

[233] Scandura T A, Williams E A. Research methodology in management: Current practices, trends, and implications for future research [J]. Academy of Management Journal, 2000, 43 (6): 1248 – 1264.

[234] Schilke O. A micro-institutional inquiry into resistance to environmental pressures [J]. Academy of Management Journal, 2018, 61 (4): 1431 – 1466.

[235] Shadish W R, Cook T D, Campbell D T. Experimental and quasi-experimental designs for generalized causal inference [M]. Houghton, Mifflin and Company, 2002.

[236] Shane S. Reflections on the 2010 AMR Decade Award: Delivering on the promise of entrepreneurship as a field of research [J]. Academy of Management Review, 2012, 37 (1): 10 – 20.

[237] Shane S. The importance of angel investing in financing the growth of entrepreneurial ventures [J]. Quarterly Journal of Finance, 2012 (2): 1 – 42.

[238] Shepherd D A, Cardon M S. Negative emotional reactions to project failure and the self-compassion to learn from the experience [J]. Journal of Management Studies, 2010, 46 (6): 923 – 949.

[239] Shepherd D A. Multilevel entrepreneurship research: Opportunities for studying entrepreneurial decision making [J]. Journal of Management, 2011, 37 (2): 412 – 420.

[240] Shu P G, Yeh Y H, Chiu S B, et al. The reputation effect of venture capital [J]. Review of Quantitative Finance & Accounting, 2011, 36 (4): 533 – 554.

[241] Shu Yang, Romi Kher, Scott L. Newbert. What signals matter for social startups? It depends: The influence of gender role congruity on social impact accelerator selection decisions [J]. Journal of Business Venturing, 2020, 35 (2): 1 – 22.

[242] Sirmon D G, Hitt M A (2009). Contingencies within dynamic managerial capabilities: Interdependent effects of resource investment and deployment on firm performance. Strategic Management Journal, 30 (13), 1375 – 1394.

[243] Sorenson O, Stuart T E. Bringing the context back in: Settings and the search for syndicate partners in venture capital investment networks [J]. Administrative Science Quarterly, 2008, 53 (2): 266 – 294.

[244] Su J, Zhai Q, Karlsson T. Beyond red tape and fools: Institutional theory in entrepreneurship research, 1992 – 2014 [J]. Entrepreneurship Theory and Practice, 2017, 42: 505 – 531.

[245] Tabor E B. Handbook of self-regulation: Research, theory, and applications [J]. Psychiatric Services, 2006, 57 (4): 585 – 586.

[246] Tang J. Exploring the constitution of entrepreneurial alertness: The regulatory focus view [J]. Journal of Small Business & Entrepreneurship, 2009, 22 (3): 221 – 238.

[247] Tang J, Kacmar K M, Busenitz L. Entrepreneurial alertness in the pursuit of new opportunities [J]. Journal of Business Venturing, 2012, 27 (1): 77 – 94.

[248] Terjesen S, Hessels J, Li D. Comparative international entrepreneurship: A review and research agenda [J]. Journal of Management, 2016, 42 (1): 299 – 344.

［249］Thaler R. Toward a positive theory of consumer choice ［J］. Journal of Economic Behavior & Organization, 1980, 1 (1): 39 – 60.

［250］Timmons J A, Bygrave W D. Venture capital's role in financing innovation for economic growth ［J］. Journal of Business Venturing, 1986, 1 (2): 161 – 176.

［251］Timmons J A. New venture creation: Entrepreneurship in the 1990s ［M］. Irwin, 1990.

［252］Tong T W, Li Y. Real options and investment mode: Evidence from corporate venture capital and acquisition ［J］. Organization Science, 2011, 22 (3): 659 – 674.

［253］Tong T W, Reuer J J, Tyler B B, et al. Host country executives' assessments of international joint ventures and divestitures: An experimental approach ［J］. Strategic Management Journal, 2015, 36 (2): 254 – 275.

［254］Totterdell P. Catching moods and hitting runs: Mood linkage and subjective performance in professional sport teams ［J］. Journal of Applied Psychology, 2000, 85 (6): 848 – 859.

［255］Totterdell P, Kellett S, Teuchmann K, et al. Evidence of mood linkage in work groups ［J］. Journal of Personality & Social Psychology, 1998, 74 (6): 1504 – 1515.

［256］Tsui A S, Farh J L. Where guanxi matters relational demography and guanxi in the Chinese context ［J］. Work & Occupations, 1997, 24 (1): 56 – 79.

［257］Tsui A S, Nifadkar S S, Ou A Y. Cross-national, cross-cultural organizational behavior research: Advances, gaps, and recommendations ［J］. Journal of Management, 2007, 33 (3): 426 – 478.

［258］Tumasjan A, Braun R. In the eye of the beholder: How regulatory focus and self-efficacy interact in influencing opportunity recognition ［J］. Journal of Business Venturing, 2012, 27 (6): 622 – 636.

[259] Tversky A, Fox C R. Weighing risk and uncertainty [J]. Psychological Review, 1995, 102 (2): 269 –283.

[260] Tversky A, Kahneman D. Advances in prospect theory: Cumulative representation of uncertainty [J]. Journal of Risk and Uncertainty, 1992, 5 (4): 297 –323.

[261] Van Balen T, Tarakci M, Sood A. Do disruptive visions pay off? The impact of disruptive entrepreneurial visions on venture funding [J]. Journal of Management Studies, 2019, 56 (2): 303 –342.

[262] Vissa B. A matching theory of entrepreneurs' tie formation intentions and initiation of economic exchange [J]. Academy of Management Journal, 2011, 54 (1): 137 –158.

[263] Voronov M, Weber K. The heart of institutions: Emotional competence and institutional actorhood [J]. Academy of Management Review, 2016, 41 (3): 456 –478.

[264] Welpe I M, Matthias Spörrle, Grichnik D, et al. Emotions and opportunities: The interplay of opportunity evaluation, fear, joy, and anger as antecedent of entrepreneurial exploitation [J]. Entrepreneurship Theory & Practice, 2012, 36 (1): 69 –96.

[265] Williams N, Efendic A, Etemad H. Internal displacement and external migration in a post-conflict economy: Perceptions of institutions among migrant entrepreneurs [J]. Journal of International Entrepreneurship, 2019, 17: 1 –28.

[266] Witkin H A, Moore C A, Goodenough D R, et al. Field-dependent and field-independent cognitive styles and their educational implications [J]. Review of Educational Research, 1977, 47 (1): 1 –64.

[267] Wood M S, Williams D W. Opportunity evaluation as rule-based decision making [J]. Journal of Management Studies, 2014, 51 (4): 573 –602.

[268] Wright M, Lockett A. The structure and management of alliances:

Syndication in the venture capital industry [J]. Journal of Management Studies, 2010, 40 (8): 2073 – 2102.

[269] Wuebker R, Hampl N, Wüstenhagen R. The strength of strong ties in an emerging industry: Experimental evidence of the effects of status hierarchies and personal ties in venture capitalist decision making [J]. Strategic Entrepreneurship Journal, 2015, 9 (2): 167 – 187.

[270] Wu L Y, Wang C J, Tseng C Y, et al. Founding team and start-up competitive advantage [J]. Management Decision, 2009, 47 (2): 345 – 358.

[271] Zacharakis A, Shepherd D. The nature of information and overconfidence on venture capitalists' decision making [J]. Social Science Electronic Publishing, 2001, 16 (4): 311 – 332.

[272] Zajonc R B. Feeling and thinking: Preferences need no inferences [J]. American Psychologist, 1980, 35 (2): 151 – 175.

[273] Zhang J, Wong P K. Networks vs. market methods in high-tech venture fundraising: The impact of institutional environment [J]. Entrepreneurship & Regional Development, 2008, 20 (5): 409 – 430.

[274] Zhao E Y, Fisher G, Lounsbury M, et al. Optimal distinctiveness: Broadening the interface between institutional theory and strategic management [J]. Strategic Management Journal, 2017, 38 (1): 93 – 113.

[275] Zhao E Y, Ishihara M, Jennings P D, et al. Optimal distinctiveness in the console video game industry: An exemplar-based model of proto-category evolution [J]. Organization Science, 2018, 29 (4): 588 – 611.

[276] Zhao H, Seibert S E, Lumpkin G T. The relationship of personality to entrepreneurial intentions and performance: A meta-analytic review [J]. Journal of Management, 2010, 36 (2): 381 – 404.

# 后　记

谨以只言片语，感谢助益于本书成稿的老师、同学和家人们。

首先，感谢我的博士生导师张玉利教授。记得第一次与张老师见面是 2016 年 9 月，那时的我以为老师一定很忙，觉得匆匆见面已是对我莫大的鼓励，出乎意料的是老师与我面谈两小时有余，彼时我深切地感受到一位学者身上的气质和儒雅。在读博的四年时光里，张老师无微不至地关心着我的学习和生活，也带给我很多灵魂拷问，"这篇文章的贡献是什么"让我哑口无言，"实验法具体是什么？你读了哪些书？请教了哪些老师？"让我羞愧难当，还有"问题导向""研究要顶天立地""一万小时定律"等箴言都依然在我的耳畔回响。在学位论文的写作过程中，老师给予了很多指导和帮助，一条条语音，一封封鼓励的邮件，一次次经费的支持，让我明白什么是循循善诱，什么叫谆谆教诲。不仅于此，张老师严谨治学的科研精神、从容不迫的处事风格、乐观积极的生活态度都使我深受启发。师恩如山，感恩老师，也感恩能遇到这样的贵人。桃李不言，下自成蹊，我唯有在未来的工作中更加努力才能回报师恩。

其次，我要感谢合作导师李圭泉教授。与李老师的缘分可谓跨越万里，跟随李老师学习也是生命中非常宝贵的财富。在南开大学第一年和第二年的学习时光，李老师在我身边手把手地教学和讨论，推进了论文的进展，并使我对学术研究有了更深的理解和思考。随后李老师远调法国又调入北京大学，我们便通过视频和语音的形式进行交流。四年博士的求学阶段我专注于调节焦点理论，而该理论的大门也是李老师为我打开，让我能进入该领域并进行一系列研究。学位论文的选题、研究设计以及数据收集等重要工作都离不开李老师的帮助。学习生活中，当我遭遇挫折时，李老师也会为我分析原因、树立信心，常说的"小姜，加油！"总会让我重整旗鼓。如果说张老师是学术生涯的领路人，那么李老师便是学术道路的同行者。

短短四年时光，有幸跟随两位老师学习。同样幸运的是，我成为南开大学创业研究中心的一员，得到众多校内外专家学者的支持和帮助。感谢田莉教授，每一次跟随田老师开组会都仿佛参加一次头脑风暴，田老师所提问题总是一针见血地切中研究要害，同时，田老师热情似火的性格深深感染着我，让我觉得做研究真是一件幸福的事儿。感谢胡望斌教授，每次见到胡老师，迎接到的都是胡老师温和的笑容，向胡老师求教的过程中，能感受到胡老师做事细致、要求严格，但是又极尽和蔼和宽容。感谢杨俊教授，听杨老师作报告和分享总是能颠覆我的认知，发现原来我以为的真的只是我以为的，细细回想、仔细琢磨，你会发现每一句话都能成为一个研究选题。在本书的构思和撰写过程中，我还先后得到许多人的帮助。感谢新加坡管理大学王鹤丽教授、山东大学林伟鹏教授、浙江大学沈睿教授、南开大学牛芳教授、中山大学郑晓莹教授、上海大学于晓宇教授、河北工业大学吕荣杰教授、燕山大学张敬伟教授、英国南安普顿大学张昱城教授、华东师范大学段锦云教授等，各位教授都在不同方面无私奉献了创意和想法，在此一并感谢。

本书得以成稿，还要感谢我的硕士生导师——兰州财经大学工商管理学院院长郝金磊教授。硕士期间，我想的最多的就是如何找到一个好的工作，觉得自己压根不是个做科研的材料。但是郝老师发现了我身上的科研潜质，并以自身的科研行动深深影响着我，把我领入了科研的大门，对我的研究视角、研究方法、研究框架严把关强落实，使得我在硕士期间就有了一些学术的积淀。临近硕士研究生三年级，老师与我恳谈，提及让我进一步读博深造，这些都为我顺利读博和博士毕业打下了坚实的基础。返校工作后，老师更是时刻叮嘱，让我有进一步提升的空间，那一份温暖与安心让我如沐春风，唯有在老师身边做好本职工作才是回报老师的最好方式。

　　与我并肩作战的同学和朋友也是陪伴我勇往直前的不竭动力。感谢同门李艳妮、焦康乐和牛梦茜。感谢各位同门前辈何良兴博士、刘振博士、宋正刚博士、肖应钊博士、刘依冉博士、郝喜玲博士、谢巍博士、张仁江博士等，师兄师姐们都曾给予我无私关心和帮助。感谢一路同行的师弟师妹尚好、冯潇、李赋薇、徐巍、张亚会、薛刘洋、李慧慧、彭小平、于溪东、申海健、李泽宇。还要感谢我的同学和一直在背后支持我的兄弟姐妹贾骏骐、李梁、张明超、苏琳淳、苏子棋、刘怡君、彭亮、王姗姗、李丹惠，跟你们在一起的时光总是那么快乐。

　　最后，深深感谢我的父母。我的父母如此平凡，他们只是千千万万父母中最普通的缩影，平凡到父亲提及最多的就是生活费还够不够，母亲问的最多的就是吃饭和穿衣。可是于我而言，他们如此伟大。父亲天性乐观，任何事情都积极面对，总是能在我很迷茫的时候为我把握前进的方向。从小就给我讲大道理的父亲一讲就是三十年，可就是这些道理成为我今天顶天立地的根基。母亲则心思细腻，甚至基于我的一条语音、一句回复，母亲就能看出我今天是否有了心事，可是我从不曾告诉母亲，当我看到您慈祥的笑脸和宠溺的笑容时，我的一切愁苦都烟消云散，这就是家。只愿未来的时光，团圆有时，天伦共享。

　　感恩，感谢，这是结束，也是开始。

**姜诗尧**
二〇二四年五月于金城